Serie Beheersen van bedrijfsprocessen

Beginselen van de administratieve organisatie

M. (Mark) Paur RA MMO
drs.ir. M.A. (Marc) Mittelmeijer RI
ir. R.J.M. (Rob) van Stratum RI CPIM CIRM CSCP CLTD
ir. C.B. (Berco) Leeftink

Eindredactie:
prof.dr. L. (Leen) Paape RA RO CIA

Derde druk

Noordhoff Uitgevers Groningen/Houten

D1692290

Ontwerp omslag: Rocket Industries, Groningen
Omslagillustratie: Oliver Strewe, Getty Images

Eventuele op- en aanmerkingen over deze of andere uitgaven kunt u richten aan:
Noordhoff Uitgevers bv, Afdeling Hoger Onderwijs, Antwoordnummer 13, 9700 VB
Groningen, e-mail: info@noordhoff.nl

*Aan de totstandkoming van deze uitgave is de uiterste zorg besteed. Voor informatie
die desondanks onvolledig of onjuist is opgenomen, aanvaarden auteur(s), redactie en
uitgever geen aansprakelijkheid. Voor eventuele verbeteringen van de opgenomen
gegevens houden zij zich aanbevolen.*

0 / 17

ISBN 978-90-01-87681-4
NUR 786

Woord vooraf

Voor je ligt de derde en herziene uitgave *Beginselen van de administratieve organisatie*.
In deze uitgave is weer het nodige gewijzigd ten opzichte van de vorige. De ontwikkelingen op het terrein van administratieve organisatie gaan razendsnel. De toepassingsmogelijkheden van ICT worden steeds groter, data analytics, big data, social media, cloud computing, enzovoort nemen een steeds belangrijkere plaats in voor het functioneren van organisaties. In hoofdstuk 8 wordt een aantal van deze ontwikkelingen besproken.

Naast de technische ontwikkelingen zijn ook ontwikkelingen als horizontaal toezicht zoals de Belastingdienst dat toepast relevant. In bredere zin kunnen we spreken over meer integratiemogelijkheden binnen ketens, waarbij de betrouwbaarheid van informatie steeds belangrijker wordt omdat de wederzijdse afhankelijkheid binnen de ketens ook groter wordt. Informatie wordt hergebruikt door andere partijen waarbij niet altijd meer duidelijk is wie de eigenaar van die informatie is.

Uiteraard blijft interne beheersing van processen het centrale thema. Ook al nemen de technische mogelijkheden toe en wordt regelgeving steeds indringender en alomvattend, dagelijks kunnen we in de krant lezen dat nogal eens wat misgaat. In de afgelopen jaren zijn weer vooraanstaande bedrijven ten onder gegaan. Een constatering is dat de meeste bedrijven die in de problemen zijn gekomen dat meestal kwamen op die terreinen waarin ze toch goed zouden moeten zijn omdat het de kern van hun bedrijfsvoering was. Zo zijn banken en financiële instellingen in de problemen gekomen omdat hun risicobeheersing niet goed op orde was. Bouwbedrijven gingen ten onder omdat het projectmanagement en de beheersing van de risico's in grote projecten onder de maat was. V&D bestaat niet meer en in de winkelstraten is een ware kaalslag aan de gang. De huidige retail is de retail van vroeger niet meer.

Het is belangrijk om snel in te kunnen spelen op veranderende omstandigheden. Veel bedrijven stellen zich de vraag of hun organisatie hen in staat stelt hun verdienmodel aan te passen. De televisieomroepen constateren dat Netflix hun bestaan op losse schroeven zet. Marketing via advertenties neemt ook snel af en de digitale transformatie heeft op dat punt flink huisgehouden. Kranten zoeken naar andere manieren om geld te kunnen verdienen. De lijst van sectoren waar de verandering immens zijn is langer, je kunt ze zelf bedenken.

Wat blijft is de behoefte aan een betrouwbare informatievoorziening. In dit boek krijg je aangereikt hoe je kunt kijken naar processen en maatregelen die in deze processen worden getroffen om die informatievoorziening betrouwbaar te maken. Daartoe leert dit boek je organisaties in te delen volgens een bepaalde typologie. Die typologie helpt je bij het zicht krijgen op de mogelijke knelpunten in die informatievoorziening en welke maatregelen dan getroffen kunnen worden om die problemen te voorkomen. Die maatregelen dienen dan te worden ingevoerd en vervolgens te worden beoordeeld op de goede werking. Daarmee zijn belanghebbenden, managers en controllers in staat om verantwoording af te leggen over uitkomsten van de bedrijfsvoering.

Het belang van een goed begrip van de beginselen van administratieve organisatie is groot. Veel organisaties wordt gevraagd te melden of hun bedrijfsvoering op orde is en of ze 'in control' zijn. Toezichthouders, managers, leveranciers, klanten en medewerkers zijn zeer geïnteresseerd in het antwoord op die vraag. Die vraag kan alleen maar beantwoord worden als de inrichting van de processen voldoet aan de eisen die daaraan moeten worden gesteld. Dit boek helpt je met het maken van de juiste keuzes en stelt je in staat met behulp van de casussen en de meerkeuzevragen je kennis toe te passen en te toetsen. Er is ook een ondersteunende website waar je nadere informatie, cases en oefenvraagstukken kunt vinden die je in staat stellen je goed voor te bereiden.

De auteurs zijn allen ervaren docenten en beschikken bovendien over veel praktijkervaring waardoor ze in staat zijn op een compacte en begrijpelijke manier een abstract begrip als administratieve organisatie toegankelijk te maken. Ik wens je veel studieplezier en succes.

Leen Paape
Sassenheim, najaar 2016

Serieoverzicht Beheersen van bedrijfsprocessen

- Beginselen van de financiële administratie
- ERP en Business Management
- Beginselen van de administratieve organisatie
- De kern van de administratieve organisatie

Inhoud

Inleiding

Administratieve organisatie, nou niet bepaald een woord waar je als hbo-student direct warm voor loopt. Stoffig en saai is het imago dat aan het vak kleeft. En ook bij accountants en controllers staat Administratieve Organisatie (AO), ook wel Bestuurlijke Informatievoorziening (BIV) in het geheugen gegrift als het maken van taaie vraagstukken.
Beginselen van de administratieve organisatie maakt duidelijk dat deze beeldvorming niet terecht is. Zeker in deze tijd van automatisering, globalisering en razendsnelle veranderingen, is het een uitdaging om processen zo te organiseren dat de bedrijfsdoelstellingen gehaald worden. Daar helpt een goede administratieve organisatie bij. Sterker nog, het is een voorwaarde.

Elk hoofdstuk begint met een openingscasus zodat je een beeld krijgt van de betekenis van AO in de praktijk. Ook verder in de hoofdstukken vind je veel voorbeelden en casussen, zodat je leert de theorie naar de praktijk te vertalen. Het maken van de tussenvragen helpt je om voor jezelf te toetsen of je de behandelde leerstof begrijpt. De antwoorden van de tussenvragen vind je achter in het boek. Aan het eind van elk hoofdstuk vind je vraagstukken. Op de website bij het boek ho.noordhoff.nl/boek/beginselen-van-de-administratieve-organisatie staan de uitwerkingen van de vraagstukken, meerkeuzevragen en de antwoorden op de meerkeuzevragen en verder oefenmateriaal.

Organisaties en processen staan in *Beginselen van de administratieve organisatie* centraal. Een organisatie functioneert niet zonder een administratieve organisatie. Iedereen in een organisatie heeft informatie nodig om een taak of een opdracht uit te voeren. De keuze voor het selecteren en verzamelen van informatie, het informatiesysteem en wie toestemming heeft om op welk moment welke informatie te raadplegen, bepalen de inrichting van de processen in een organisatie.

In hoofdstuk 1 en 2 krijg je een inleiding in het vak Administratieve Organisatie. In hoofdstuk 1 leer je wat voor soort organisaties er zijn en welke processen zich afspelen. Je gaat een aantal processen gedetailleerd bekijken, zodat je zult zien dat processen uit verschillende stappen bestaan. Hoofdstuk 2 gaat vervolgens in op hoe een organisatie ervoor zorgt dat processen goed lopen.

Dit komt terug in hoofdstuk 3, maar dan vanuit de invalshoek administratieve organisatie. Je maakt uitgebreid kennis met de begrippen administratieve organisatie en interne controle. Je leert welke hulpmiddelen er zijn om een administratieve organisatie te ontwerpen en vast te leggen. In hoofdstuk 4 ga je dieper in op het begrip administratieve organisatie. Je onderzoekt alle bouwstenen die voor een goede administratieve organisatie zorgen.

In hoofdstuk 5 en 6 ga je kennismaken met de administratieve organisatie binnen een handelsbedrijf. Dit is het type bedrijf dat relatief het minst gecompliceerd is om een goede administratieve organisatie te kunnen begrijpen.

In hoofdstuk 5 leer je over de primaire processen: inkoop, magazijn en verkoop. Hoofdstuk 6 gaat over de ondersteunende processen personeel, financieel-administratief en automatisering (IT).

In hoofdstuk 7 maak je kort kennis met andere soorten bedrijven, zoals het productiebedrijf en de verschillende soorten dienstverlenende bedrijven. Je zult zien dat elk soort bedrijf zijn specifieke AO-kenmerken heeft.

In hoofdstuk 8 komen ontwikkelingen aan de orde die de administratieve organisatie sterk beïnvloeden, zoals automatisering, globalisering en regelgeving die steeds hogere eisen aan de administratieve organisatie stellen.

Bij de tweede druk
Ten opzichte van de eerste druk hebben drie soorten aanpassingen plaatsgevonden.
Ten eerste hebben we getracht het taalgebruik en de aanspreekvorm nog meer af te stemmen op de huidige hbo-student.
Daarnaast is het boek verder geactualiseerd. Dit vind je met name terug in hoofdstuk 8 waarin zaken als cloud computing en xbrl aan de orde komen. Tot slot heeft er een verschuiving plaatsgevonden. Hoofdstuk 6 handelt nu uitsluitend over ondersteunende processen. Het onderdeel productie is verplaatst naar hoofdstuk 7. Hierdoor is met de hoofdstukken 5 en 6 een afgerond geheel over de handelsonderneming bereikt. Hoofdstuk 7 behandelt het productiebedrijf en de dienstverlenende ondernemingen waarbij stof uit hoofdstuk 6 respectievelijk hoofdstuk 4 uit de vorige druk als basis heeft gediend.

Bij de derde druk
In de derde druk hebben we weer veel aanpassingen gedaan om het boek te laten aansluiten op de laatste – vooral technologische – ontwikkelingen. Zo worden in hoofdstuk 8 ontwikkelingen als social, mobile, cloud en big data besproken en hebben ook in andere hoofdstukken aanpassingen geleid tot het up-to-date houden van het boek, iets dat met de razendsnelle ontwikkelingen niet makkelijk is. In hoofdstuk 3 laten we zien dat administratieve organisatie ook voor de fiscus in het kader van Horizontaal Toezicht van belang is.

Daarnaast hebben we bij de tekst aangegeven waar je op de ondersteunende website nadere informatie kan vinden, onder meer in de vorm van casussen en oefenvraagstukken.

We hopen op deze manier de stof verder toegankelijk gemaakt te hebben zodat je met veel plezier zult terugkijken op je kennismaking met het boeiende vak administratieve organisatie.

1

Introductie bedrijfspro- cessen en organisaties

Dit hoofdstuk begint met een beschrijving van bedrijfsprocessen in organisaties. Aan de hand van diverse voorbeelden introduceren we vervolgens een model dat behulpzaam is bij de verdere behandeling van de begrippen uit de administratieve organisatie. Daarna bespreken we aan de hand van de casus van een bankorganisatie met welke ontwikkelingen organisaties tegenwoordig worden geconfronteerd. Vervolgens geven we een indelingsmodel voor typen organisaties, een typologie waarbij organisaties worden ingedeeld volgens enkele specifieke kenmerken. Ten slotte introduceren we het PBI-model, dat wij in de rest van het boek gebruiken om de leerstof te behandelen. PBI staat voor Proces – Beheersing – Informatie.

1

Kledingzaak Bolte

Bolte is een winkelketen die kleding verkoopt voor dames en heren in de leeftijdsklasse van 18 tot 35 jaar. Casual en zakelijke kleding voor vrije tijd en werk. Bolte heeft winkels in alle grote en middelgrote steden in Nederland. De winkels opereren als zelfstandige filialen met een bedrijfsleider/filiaalhouder en medewerkers.

Bolte-Kampen is een winkel in het centrum van het winkelgebied in de plaats Kampen. Klanten komen uit Kampen en directe omgeving. Een klant die in de winkel een kledingstuk wil kopen, spreekt een medewerker van de winkel aan of andersom: de medewerker spreekt de klant aan om te helpen. Samen met deze medewerker zoekt de klant de kledingstukken uit, past deze voor de juiste maat en als de klant een keuze heeft gemaakt, neemt de klant de kledingstukken mee naar de kassa. Aan de kassa staat een andere medewerker, die de kledingstukken in ontvangst neemt, de prijskaartjes/labels van de kledingstukken afhaalt en de beveiliging verwijdert. De kledingstukken worden vervolgens door de medewerker opgevouwen en in een tas van Bolte gestopt. Vervolgens identificeert de medewerker zich bij de kassa en worden de prijskaartjes gescand. De klant dient het bedrag van de aankoop contant te betalen met een betaalpas of contant geld. Nadat de klant heeft betaald, krijgt de klant de kassabon en de tas met kledingstukken. Met een laatste groet loopt de klant tevreden met zijn nieuwe kleding de winkel uit.

1.1 Organisaties en bedrijfsprocessen

In deze paragraaf zullen we nader ingaan op de beschrijving van een proces of een bedrijfsproces, de beschrijving van een organisatie en de beschrijving van het primaire proces van een organisatie. Dit doen we aan de hand van de winkelketen van Bolte, zoals die in de openingscasus is geïntroduceerd. We bespreken eerst de openingscasus.

In de openingscasus is het bedrijfsproces 'verkoop kledingstuk' beschreven. Bij bedrijfsprocessen zien we dat er verschillende activiteiten worden verricht voor de uitvoering van één bedrijfsproces. Ook zien we dat er vooraf moet zijn nagedacht over de volgorde van de activiteiten en het begin en het einde van het bedrijfsproces.
Ten aanzien van het verkoopproces kunnen we verschillende vragen stellen:
- Hoe weet de medewerker bij de kassa dat de prijs op het label van het kledingstuk juist is?
- Hoe kan de medewerker controleren of hij alle kledingstukken van de klant heeft gescand?
- Hoe kan de winkel voorkomen dat kledingstukken onbetaald de winkel verlaten?
- Hoe kan de bedrijfsleider controleren dat de inhoud van de kassa als geldbedrag en gepind bedrag overeenkomt met de opbrengst van de totale verkopen van een dag?
- Hoe kan de bedrijfsleider controleren dat er geen geld van de klanten buiten de kassa om wordt ontvangen?
- Wat betekent dit voor de inrichting van het verkoopproces?

Samenvattend zijn dit allemaal vragen die te maken hebben met de betrouwbaarheid en volledigheid van de registratie van de inkomsten en de integriteit van medewerkers en klanten. Juist over dit soort aspecten gaat het vakgebied administratieve organisatie.

In figuur 1.1 geven we het verkoopproces weer zoals dit beschreven is in de openingscasus.

Bedrijfsproces

Een bedrijfsproces bestaat altijd uit een aantal activiteiten. In het verkoopproces van Bolte zijn dat allemaal activiteiten die na elkaar worden uitgevoerd. Dat vind je terug in het schema doordat ze onder elkaar staan. Het voordeel van het op deze wijze beschrijven is dat de verschillende activiteiten afzonderlijk zijn te herkennen en de samenhang tussen de activiteiten is terug te vinden. De verschillende activiteiten hoeven niet altijd door dezelfde medewerker te worden uitgevoerd. Dat zie je in diverse kledingzaken ook wel terug, namelijk dat sommige medewerkers vooral de klanten helpen bij het uitzoeken en de winkel op orde houden en dat andere medewerkers het kassawerk doen. Dat gebeurt niet alleen uit gemak of omdat de kassamedewerker de filiaalchef is, maar ook vaak vanuit controleoogpunt, zodat je kunt voorkomen dat kleding oneigenlijk verkocht wordt. Door een beschrijving te maken van de verschillende activiteiten in een proces kun je ook goed nadenken over de hulpmiddelen die in een proces gebruikt moeten of kunnen worden. Als we dan de stap maken naar administratieve organisatie, kun je met een goede beschrijving en analyse van een bedrijfsproces ook inschatten op welke plaatsen je als winkel risico loopt. Vervolgens kun je dan maatregelen nemen om deze risico's geheel of in ieder geval zoveel mogelijk af te dekken.

In de openingscasus hebben we van een Bolte-winkel het verkoopproces beschreven. Dit verkoopproces wordt uitgevoerd door twee medewerkers. In een winkel werken diverse medewerkers om de winkel als organisatie te laten functioneren. In casus 1.1 zullen we van de Bolte-winkel in Wassenaar de organisatie beschrijven.

FIGUUR 1.1 Bedrijfsproces verkoop bij Bolte

CASUS 1.1

Bolte-Wassenaar, organisatie van de winkel

Bolte-Wassenaar is een winkel in de hoofdwinkelstraat van Wassenaar. De winkel is onderdeel van hetzelfde concern als de winkel van Bolte-Kampen uit de openingscasus.

De winkel in Wassenaar is een middelgrote vestiging. De vestiging wordt geleid door een bedrijfsleider, de directeur van de winkel. Hij geeft leiding aan twee afdelingen. De verkoopafdeling en de afdeling Administratie en Logistiek. De verkoopafdeling zorgt voor de verkoop in de winkel. Als de winkel open is, staat een verkoopteam klaar voor de klanten. Een verkoopteam bestaat uit een verkoopleider met drie tot vijf verkopers (afhankelijk van de verwachte drukte). De winkel in Wassenaar heeft twee verkoopleiders (naast de directeur) en totaal twaalf verkopers. De afdeling Administratie en Logistiek kent twee subafdelingen, namelijk een subafdeling Financiële en Personele Administratie en een subafdeling Inkoop en Logistiek (waaronder inkoop en planning, magazijn en logistieke administratie).

De beschrijving van een organisatie bestaat meestal uit een beschrijving van de afdelingen in een organisatie. Ook is hierin terug te vinden hoe de hiërarchie van de afdelingen is. In figuur 1.2 hebben we dit schematisch weergegeven in een organogram.

FIGUUR 1.2 Organogram winkel Bolte

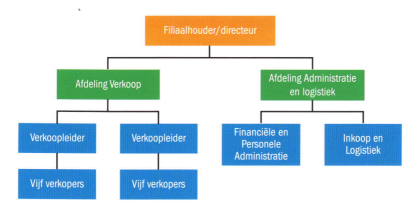

Een organogram is een weergave van verantwoordelijkheden in een organisatie. Het wordt ook wel een hiërarchisch organisatieschema genoemd, omdat je kunt terugvinden wie leidinggeeft aan wie (de hiërarchie van de organisatie). In figuur 1.2 herkennen we dus de hoogste verantwoordelijkheid binnen een winkel, die bij de filiaalhouder of directeur berust. Hij geeft direct leiding aan een afdeling Verkoop, waarin een aantal verkoopteams zit die elk bestaan uit een verkoopleider en enkele verkopers. Daarnaast geeft de filiaalhouder leiding aan een afdeling Administratie en Logistiek, die twee subafdelingen kent, namelijk een afdeling Financiële en Personele Administratie en een afdeling Inkoop en Logistiek die zorgt voor de goederenbeweging van het filiaal. In dit voorbeeld is de organisatie vrij klein, waardoor sommige functies in één afdeling worden geplaatst, zoals Inkoop en Logistiek, die samen met de Financiële en Personele Administratie de afdeling Administratie en Logistiek vormt. In grotere organisaties zullen deze afdelingen vaak gesplitst worden om de verantwoordelijkheid voor de inkoop los te koppelen van de administratie, waardoor controle kan worden uitgeoefend op de betrouwbaarheid van de inkoop en op de volledigheid van de registratie van de inkomende goederen. Vanuit de administratieve organisatie is dit belangrijk. De verschillende afdelingen kennen ook verantwoordelijkheden in de organisatie. Vanuit de administratieve organisatie en de beheersing van risico's is het ook belangrijk dat de verschillende rollen in een bedrijf worden onderscheiden met verschillende verantwoordelijkheden. Dan bouw je als het ware checks en balances in je organisatie in. Daarmee bedoelen we dat je daarmee controles inbouwt. Neem als voorbeeld de verkoop van goederen door de verkoopteams. De administratie registreert de verkopen en administreert de betalingsontvangsten. De afdeling Inkoop en Logistiek constateert de fysieke verandering van de voorraad via het voorraadbeheer en bestellingen. Als er iets fout gaat, zal een van deze partijen hiermee geconfronteerd worden, waardoor fouten zichtbaar worden. Het zichtbaar maken van dit soort risico's is in de administratieve organisatie buitengewoon belangrijk.

Organogram

Hiërarchisch organisatieschema

Beheersing van risico's

De Bolte-winkel in Wassenaar kent een goederenbeweging. De kleding komt op een bepaald moment binnen, wordt ontvangen en opgeslagen, en hopelijk uiteindelijk een keer verkocht. In casus 1.2 is dit proces voor Bolte-Wassenaar beschreven.

CASUS 1.2

Bolte-Wassenaar, het primaire proces

Het primaire proces van Bolte geeft invulling aan het bestaansrecht van de winkel. Dat betreft uiteraard de inkoop, opslag en verkoop van kleding. Het primaire proces van Bolte begint met het bestellen van kledingstukken. Na de bestelling komen de kledingstukken aan bij het ontvangstmagazijn van de winkel. Het in ontvangst nemen van de goederen bestaat uit de controle op schade en de controle op de hoeveelheid in relatie tot dat wat besteld is. Na goedkeuring van de ontvangst worden de kledingstukken in de voorraad opgenomen. Bolte heeft hiervoor een winkelmagazijn waar de kledingstukken worden opgeslagen voordat ze in de winkel worden gehangen. De filiaalhouder bepaalt wanneer een bepaald product in de winkel moet worden gehangen. De verkoopteams halen die producten in het magazijn op, prijzen ze, bevestigen de labels en beveiligingsonderdelen aan de kledingstukken en hangen die in de rekken of leggen ze in de schappen van de winkel. Als een klant een kledingstuk koopt, wordt dit bij de kassa gescand en verkocht, de beveiliging wordt eraf gehaald waarna het kledingstuk de winkel verlaat.

Alle activiteiten samen, vanaf ontvangst van de goederen, van de leverancier tot en met het meegeven van de kledingstukken met de klant, vormen het primaire proces van Bolte.

Primair proces

Logistieke basisstructuur

Casus 1.2 beschrijft een primair proces van een winkel. Dit is een relatief eenvoudig primair proces. Toch is de weergave van het primaire proces al behoorlijk ingewikkeld. In figuur 1.3 hebben we het primaire proces van Bolte weergegeven in een zogenoemde logistieke basisstructuur.

FIGUUR 1.3 Primair proces bij winkel Bolte

In deze basisstructuur zie je een activiteit weergegeven met een rechthoek en een voorraad met een driehoek. De eerste activiteit betreft dus het ontvangen van de goederen en het opslaan in het winkelmagazijn.
De tweede activiteit is het uit het winkelmagazijn halen van de kledingstukken, het labelen en vervolgens ophangen in de winkel. De winkel is zelf feitelijk ook een opslagplaats of magazijn. De laatste activiteit is de verkoop en het afgeven van het kledingstuk.

Kernactiviteiten van een organisatie

Een primair proces van een organisatie beschrijft altijd de kernactiviteiten van een organisatie. In dit geval een goederenproces binnen een winkel, maar het kan ook een goederenbeweging in een productiebedrijf zijn. Het is tegenwoordig gebruikelijk om bij andere organisaties hun kernactiviteiten te beschrijven met een basisstructuur, ook al betreft het geen goederenbeweging maar een dienst. Zo kun je het primaire proces van een opleiding bepalen door de activiteiten in het onderwijsproces achter elkaar te beschrijven. De student komt aan, volgt de verschillende onderdelen van de opleiding en verlaat de opleiding wel of niet met een diploma. In dit boek zullen we voor veel verschillende organisaties de bedrijfsprocessen gaan beschrijven.

TUSSENVRAAG 1.1

Neem een zelfstandige speelgoedzaak.
a Beschrijf het primaire proces.
b Beschrijf het verkoopproces.
c Beschrijf het proces van teruggave van een PlayStation-spel door een klant.
d Stel minstens drie vragen over het proces teruggave van een PlayStation-spel die je zou stellen als je de eigenaar van deze zaak bent en het proces wordt uitgevoerd door een van jouw medewerkers.
e Welke maatregelen zou jij vooraf nemen om misbruik van de mogelijkheid tot teruggave van een PlayStation-spel te voorkomen?

1.2 Ontwikkelingen in organisaties

Organisaties functioneren in een markt. In deze markten doen zich allerlei ontwikkelingen voor die invloed hebben op de interne organisatie van bedrijven. Organisaties moeten inspelen op deze ontwikkelingen, ook wel omgevingsfactoren genoemd, om hun marktpositie te handhaven of te

CASUS 1.3

European Private Bank, EP-Bank

De EPB is een private bank, die van oorsprong gevestigd is in Zwitserland. De bank richt zich op particulieren en niet-beursgenoteerde bedrijven. In deze niet-beursgenoteerde bedrijven is er veelal een beperkt aantal eigenaren van het betreffende bedrijf, die ook hun privébankverkeer via EPB laten lopen. In die markt is EPB snelgroeiend. Door de klantgerichte benadering en de mogelijkheden om voor vermogende particulieren goede financiële dienstverlening te leveren, is deze solide bank in naam en imago snel gegroeid. Met de groei van de ondernemingen en het particuliere bancaire verkeer groeit EPB mee en heeft zij inmiddels vestigingen in 25 landen in Europa.

Kortgeleden heeft EPB zich voor het eerst gevestigd in Litouwen. Deze Baltische staat kent een grote economische groei en is aantrekkelijk voor buitenlandse investeerders. Een aantal klanten van EPB heeft recent gekozen om ook in Litouwen te starten. Voor EPB is het een behoorlijke opgave om zich in een ander land te vestigen.

Banken dienen namelijk te voldoen aan een aantal wettelijke regels voordat ze gerechtigd zijn zich te vestigen als bank. Een van de belangrijkste aandachtspunten daarbij is dat EPB moet gaan voldoen aan de eisen die gesteld worden door de toezichthouder financiële markten van Litouwen en daarmee aan de regels voor banken van de Nationale Bank Litouwen. Om aan deze regels te voldoen, moet EPB haar interne processen zoals het verstrekken van hypotheken en bankleningen inrichten volgens de wetgeving van Litouwen. Dit betekent dat ze niet dezelfde processen kan gebruiken als in Zwitserland. De verschillen komen naar voren in het aantal en de aard van de controlestappen die genomen moeten worden voordat een lening verstrekt mag worden.
Het ontwerp van de noodzakelijke bedrijfsprocessen wordt daarom door EPB in samenwerking met enkele consultants uit Litouwen opgepakt om zo te voldoen aan de Litouwse eisen ten aanzien van de administratieve organisatie.

**Omgevings-
factoren**

versterken. In deze paragraaf bespreken we een aantal van die omgevingsfactoren die veranderen, waardoor de organisatie moet nadenken over
haar positie en daarvan afgeleide interne processen.

Casus 1.3 laat zien dat voor de vestiging in een ander land voldaan moet
worden aan een aantal wettelijke eisen, die zich vertalen in eisen ten aanzien van de administratieve organisatie.

Er is een aantal ontwikkelingen waar bijna elke organisatie mee te maken
heeft omdat deze hun markt beïnvloeden. In deze paragraaf behandelen we
er vier. Daarmee zijn we niet uitputtend. Het gaat om de volgende ontwikkelingen:
1 globalisering
2 IT-ontwikkelingen
3 samenwerking in de keten
4 organisatieontwikkelingen

Ad 1 Globalisering

Globalisering

De term globalisering betekent dat landsgrenzen voor markten open zijn of
worden gemaakt. Afstanden in de wereld 'worden steeds kleiner' en bedrijven
en organisaties opereren dus ook steeds meer wereldwijd. De bancaire sector
uit casus 1.3 is daar een voorbeeld van, maar veel langer al zijn handelsbedrijven wereldwijd actief. Productiebedrijven verplaatsen hun productie naar
goedkope productiegebieden, zoals Zuidoost-Azië. Globalisering leidt ertoe
dat er voldaan moet worden aan allerlei regels en wetten van diverse landen.
Landen waar de productie plaatsvindt, landen waar het transport doorheen
gaat en landen waar de consumentenmarkt is. De globalisering werkt ook
concurrentieverhogend, waardoor bedrijfsprocessen en hun prestaties steeds
effectiever en efficiënter moeten plaatsvinden. Er komen concurrenten bij
waardoor het onderscheidende vermogen van jouw product of dienst zich
voortdurend moet bewijzen. Een trend is dat de dienstverlening rondom handel en productie steeds meer zorgt voor het onderscheidende vermogen.
De open markt zorgt voor efficiënte prijsvorming en om nog winst te maken
moeten bedrijven steeds meer hun interne kosten beheersen. Dit verklaart
de voortdurende aandacht voor kosten, ook als bedrijven al goede prestaties
neerzetten. Een van de belangrijkste middelen die ze daarvoor hebben is de
inrichting van de bedrijfsprocessen. Door handig en efficiënt hun bedrijfsprocessen in te richten (waar de administratieve organisatorische aspecten
slim in verweven zitten) kunnen ze concurrentievoordeel verkrijgen. Voordeel is dat de consumentenmarkten waar de bedrijven hun producten dan
kunnen afzetten, wel vele malen groter zijn dan voorheen. In hoofdstuk 7
gaan we in op het begrip globalisering.

Ad 2 IT-ontwikkelingen
Sinds eind jaren tachtig van de vorige eeuw is de opmars van computers
enorm versneld. Waren er eind jaren tachtig nog sporadisch huishoudens met
een computer, nu zijn er in vrijwel elk huishouden één of meer computers,
laptops, tablets en smartphones beschikbaar. De opmars van internet is daarvoor een belangrijk vliegwiel geweest. Internet is voor het grote publiek begin
jaren negentig beschikbaar gekomen. Eerst vooral in overheids- en onderwijs-
instellingen en later ook steeds meer in bedrijven. Daarbij ging het eerst voornamelijk om berichten sturen (e-mail) en bestandsuitwisseling (via ftp, file
transfer protocol). Later is door softwareleveranciers de browsertechnologie

ontwikkeld. Juist deze technologie heeft ertoe geleid dat het world wide web zijn intrede kon doen, dat tot massaal gebruik van internet heeft geleid. In de loop van de jaren negentig hebben de eerste bedrijven gezien dat het world wide web ook een verkoopkanaal kan zijn, naast een netwerk dat gegevens uitwisselt. Daarbij hebben we gezien dat het eerst vooral nog ging om de presentatie van producten en dat daarna pas het online winkelen ontstond. Nu is bijna alles via internet te koop. In het begin waren het vooral bedrijven die naast hun winkelketens een internetwinkel opzetten, maar later zijn er meer gespecialiseerde bedrijven gekomen die geen fysieke winkels meer hebben.

Internetwinkel

Naast deze onlinewinkels zijn er steeds meer bedrijven die het internet gebruiken ter ondersteuning van hun interne bedrijfsprocessen (vooral via beveiligde browsertechnologie). Het is daardoor mogelijk de ondersteuning van de bedrijfsprocessen te laten verlopen op plaats- en tijdsonafhankelijke basis. Medewerkers kunnen dan vanuit verschillende werkplekken – binnen of buiten het bedrijf – gebruikmaken van hun programma's en data. De mogelijkheden die dit geeft voor de inrichting van de bedrijfsprocessen en de werkprocessen van de medewerkers, zijn nog lang niet uitgeput. Vandaar dat veel bedrijven voortdurend bezig zijn hun bedrijfsprocessen te innoveren door gebruik te maken van de internettechnologie.

Internet-technologie

Ad 3 Samenwerking in de keten

Vooral in de handels- en productiebedrijven zien we steeds vaker strategische allianties ontstaan. Bijvoorbeeld samenwerking van een productiebedrijf met een assemblagebedrijf, of samenwerking van een winkelketen met een productiebedrijf. Een keten van bedrijven is een reeks bedrijven die achtereenvolgens een bijdrage leveren aan één consumentenproduct. Neem als voorbeeld de keten van bedrijven in de voedselindustrie. Een boer houdt koeien en levert melk aan de melkfabriek. De melkfabriek maakt diverse producten van deze melk, zoals volle melk, halfvolle melk, yoghurt, vla en koffiemelk. Deze melkfabriek levert aan winkelketens, die vervolgens aan de consument leveren, zie figuur 1.4.

Strategische allianties

Het voordeel van samenwerking in de keten is dat de kwaliteitsbewaking van de producten op elkaar kan worden afgestemd en daarmee verhoogd en dat de voorraden in de keten goed op elkaar kunnen worden afgestemd, met minder kosten als gevolg. Zeker bij houdbare producten is dit een belangrijke reden voor de samenwerking. We noemen een keten van bedrijven ook wel een bedrijfskolom.

Bedrijfskolom

FIGUUR 1.4 De keten van bedrijven in de zuivelindustrie

Er zijn verschillende redenen voor bedrijven om in de keten naar samenwerking te zoeken, zoals:
- inkoopvoordelen
- snelheid van levering aan klanten
- kwaliteitsverbeteringen
- gezamenlijke innovaties
- kostenreductie
- voorraadreductie (minder grote kans op incourante producten)
- verbreding van markten

Ad 4 Organisatieontwikkelingen

Concurrentie-druk

Kostenbewustzijn

Door de concurrentiedruk zijn bedrijven en instellingen voortdurend bezig
hun kosten te reduceren en hun bedrijfsprocessen te analyseren en te verbeteren. Naast dit kostenbewustzijn en de concurrentiedruk op de markt is er
ook een druk vanuit de arbeidsmarkt. Werknemers zijn steeds hoger opge-
leid, stellen steeds hogere eisen aan hun werkomgeving en willen steeds
meer verantwoordelijkheid. Werknemers willen zien wat hun betekenis is
voor het bedrijf. Door deze vraag overwegen bedrijven steeds vaker hun interne organisatie aan te passen en nieuwe werkmethoden te introduceren.

Verantwoordelijk-heden binnen organisaties

Dit betekent dat verantwoordelijkheden binnen organisaties voortdurend
veranderen. Er komen andere organisatieprincipes, zoals de principes van
teamontwikkeling. Ook betekent elke reorganisatie dat verantwoordelijkheden veranderen en dus ook de verantwoordelijkheid over de interne controle. De veranderingen in organisatorische verantwoordelijkheden leiden
de laatste jaren steeds meer tot het principe van het 'laag' neerleggen van
verantwoordelijkheden. Dat zou ook moeten betekenen dat er minder over-
head zou moeten ontstaan in organisaties, zodat deze 'lean and mean' georganiseerd kunnen worden.

Het afslanken van een hoofdkantoor van een bedrijf of het dichtbij de markt
organiseren van de productontwikkeling zijn daar goede voorbeelden van.
Voor de administratieve organisatie betekenen deze organisatorische ontwikkelingen dat we moeten volgen of de interne beheersingsmaatregelen
goed op orde blijven.

In deze paragraaf hebben we een viertal ontwikkelingen geschetst waar bedrijven mee te maken hebben in de keuzes die ze moeten maken om goede
prestaties te kunnen blijven leveren in de markt. Elk van deze ontwikkelingen heeft grote consequenties voor de inrichting van de bedrijfsprocessen
en dus ook voor de beheersingsmaatregelen die ingebouwd zijn in deze bedrijfsprocessen. Uiteraard zijn er nog veel meer ontwikkelingen waar een individueel bedrijf mee te maken heeft. Vandaar dat elk bedrijf voortdurend
zijn omgeving moet volgen en analyseren om deze ontwikkelingen te zien
en de gevolgen voor de interne bedrijfsprocessen te beoordelen.

TUSSENVRAAG 1.2

In de casus EPB is de ontwikkeling beschreven van een bank die zich in
een nieuw land wil vestigen. Kun je een korte impressie geven van jouw
mening over de betekenis van de volgende ontwikkelingen voor de EPB:
a globalisering
b IT-ontwikkelingen
c organisatieontwikkelingen?

🔲1.3 Typologie van organisaties

Er zijn veel verschillende soorten bedrijven en instellingen. In de praktijk blijken er – vanuit het oogpunt van de theorie – ook veel overeenkomsten te bestaan tussen de bedrijven en instellingen. Toch blijven er verschillen over. Een school is toch echt anders dan een winkel. Een gemeentehuis functioneert toch echt anders dan een brouwerij. Om theorieën te ontwikkelen die toepasbaar zijn op meer dan één type organisatie, kunnen we gebruikmaken van het begrip typologie. Een typologie is een indelingsmethode waarbij be- **Typologie** drijven vanuit een bepaald gezichtspunt worden onderverdeeld in vergelijkbare bedrijven of organisaties. Via het hanteren van een typologie leer je een bedrijf of organisatie vanuit een bepaald perspectief te benaderen. Als je dan een bedrijf of organisatie uit zo'n type hebt bestudeerd, zal blijken dat je een vergelijkbaar bedrijf van hetzelfde type sneller kunt begrijpen. Zo ontstaat een brede kennis van het functioneren van bedrijven en instellingen. In deze paragraaf bespreken we kort de typologie van Starreveld, een bekende typologie binnen de theorie over administratieve organisatie, zie tabel 1.1. In hoofdstuk 7 worden de verschillende soorten bedrijven uit de typologie kort behandeld.

De typologie van Starreveld kent een hoofdindeling in twee categorieën, na- **Typologie van** melijk een onderscheid waarin organisaties werken binnen een markt of niet **Starreveld** werken binnen een markt. Starreveld benadert de organisaties die niet werken voor een markt anders dan die wel werken voor een markt. De administratieve organisatie van de categorie niet werkend voor een mark, is veelal afgestemd op wet- en regelgeving. Deze wet- en regelgeving vervangt deels het ontbreken van een externe markt waarin concurrentie zorg draagt voor een effectieve en efficiënte bedrijfsvoering. De categorie die wel werkt voor een markt kent veelal effectieve en efficiënte bedrijfsprocessen vanuit de noodzaak te moeten overleven en concurreren binnen een markt. In tabel 1.1 is de typologie van Starreveld verkort weergegeven.

TABEL 1.1 Typologie van Starreveld

Bedrijven werkend voor een markt	Handelsbedrijven	Op rekening Tegen contante betaling
	Productiebedrijven	Massaproductie Stukproductie
	Dienstverlenende bedrijven	Met een zekere goederenbeweging Informatie of informatiediensten Beschikbaar stellen ruimte Overig
	Financiële instellingen	
Geen markt	Overheid Privaatrechtelijke organisaties	

Het hanteren van een typologie is handig bij het analyseren van het functioneren van organisaties. Zeker als op procesniveau gekeken wordt naar bedrijven kun je bij het hanteren van een typologie overeenkomsten tussen bedrijven herkennen. Daarmee bouw je versneld kennis en expertise op van een veelheid aan organisaties.

TUSSENVRAAG 1.3
Typeer de volgende organisaties in de typologie van Starreveld volgens tabel 1.1:
a postbezorging
b een hbo-instelling
c een bouwonderneming
d een fitnessorganisatie
e een makelaarskantoor
f een waterschap

1.4 Het PBI-model

PBI-model
Proces-
Beheersing-
Informatie-model

In deze paragraaf introduceren we het PBI-model, ofwel het Proces-Beheer-sing-Informatie-model. Dit is een model dat wij hanteren om de leerstof van het vakgebied administratieve organisatie inzichtelijk te maken. We zullen dit model toelichten aan de hand van casus 1.4. In deze casus wordt een be-schrijving gegeven van een concertorganisator die de vrije kaarten voor het concert van Coldplay via internet verkoopt.

CASUS 1.4

Concert Tickets

Concert Tickets verkoopt toegangskaarten voor concerten die georganiseerd worden door HVC-Concerts. HVC organiseert concer-ten van nationale en internationale groepen in de grotere zalen in de Benelux. Concert Tickets is de kaartverkooporganisatie van HVC-concerts. Concert Tickets verkoopt via internet de plaatsbewijzen.

Als een klant de website van Concert Tic-kets opent, kan hij doorklikken naar het con-cert van zijn keuze. In deze casus gaat het om een concert van Coldplay in Ahoy Rotter-dam. In deze zaal worden alle kaarten ver-kocht op een vaste plaats. De plaatsen zijn onderverdeeld in verschillende rangen, vak-ken en stoelen. In het begin heeft Concert Tickets problemen gekend met de verkoop via internet, doordat plaatsen verkocht wer-den aan klanten van wie de betaling niet ge-dekt was. De stoelen in de zaal bleven dan leeg omdat de betaling niet was verricht. Om tot een betere bezetting van de concert-zaal te komen, heeft Concert Tickets een

toets ingebouwd in de boekingsgang, waar-bij ze de klant via Ideal laten betalen. Deze betaling wordt gecontroleerd. Als de betaling is ontvangen wordt de bestelling vastgelegd en per e-mail aan de klant bevestigd. Via de invoering van deze processtap heeft Concert Tickets de bezettingsgraad en inkomsten bij de concerten sterk kunnen verbeteren.

De stappen zijn nu als volgt. Een klant boekt een reservering via internet. Daarbij worden naam, adres, woonplaats en e-mailadres op-gegeven. De kosten voor de boeking worden bij de reservering door de klant bevestigd en per Ideal betaald. Na controle door Concert Tickets dat de klant betaald heeft, wordt een bevestiging per e-mail verzonden. Als de klant niet kan betalen, worden de plaatsen weer vrijgegeven. Met de bevestigingscode kan de klant de tickets zelf uitprinten of zich op de dag van het concert melden bij de kassa en zijn kaarten in ontvangst nemen.

In de casus is een beschrijving gegeven van de verkoop en de betaling via in-ternet voor de vrije kaarten van een concert van Coldplay. Voordat Concert Tickets de website kon ontwikkelen, heeft de leiding goed moeten nadenken over het proces zelf en de informatie die zij als organisator tijdens de verkoop nodig heeft. Daarbij heeft ze verschillende scenario's doorgelicht om te bekijken of ze als organisator risico's loopt in dit proces. Bijvoorbeeld de vraag of een plaats niet al verkocht is, of de vraag of de verrichte betaling via internet wordt geaccepteerd. Kortom, de organisator heeft vooraf een aantal maatregelen moeten inbouwen in het proces om er zeker van te zijn dat het verkoopproces goed verloopt, zonder risico voor de verkoper. De organisator heeft dus behoefte aan informatie over de realisatie van het proces zelf en de beheersing van het proces. Het lijkt vooraf gezien dus eenvoudig om concertkaarten via internet te verkopen, maar het vraagt goed denkwerk om dit bedrijfszeker te kunnen doen. Overigens geldt dat ook voor het verkoopproces in de winkel, zoals we in de openingscasus hebben gezien.

Om de verschillende aspecten die bij de inrichting van processen en het daarbij uitsluiten van risico's goed te kunnen behandelen, gebruiken we in dit boek het PBI-model. PBI staat, zoals gezegd, voor Proces – Beheersing – Informatie. Kort benoemd gaat het bij administratieve organisaties over het goed laten verlopen van processen of bedrijfsprocessen, zodat de risico's die je als organisatie loopt zo goed mogelijk worden afgedicht door maatregelen in het procesontwerp. Om te kunnen bepalen of het proces goed loopt en waar risico's zich voordoen, is het noodzakelijk om de beheersing van het proces goed te ontwerpen om daarmee de realisatie van het proces te kunnen monitoren. Om dit goed te kunnen doen is informatie noodzakelijk. Daar staat de derde letter in het PBI-model voor, zie figuur 1.5.

FIGUUR 1.5 Het PBI-model

Het PBI-model staat voor: **PBI-model**
P: Bedrijfsprocessen en hun organisaties
B: Beheersing van processen, administratieve organisatie
I: Informatievoorziening en ICT

De basis van het PBI-model bestaat uit de bedrijfsprocessen. Om deze be-   **Bedrijfs-**
drijfsprocessen goed te laten functioneren zal de organisatie deze bedrijfs-   **processen**
processen willen beheersen en controlemaatregelen toevoegen, zodat de
bedrijfsprocessen datgene doen wat ze verwacht worden te doen en zoveel
mogelijk risico's uitsluiten. Om deze beheersing goed te kunnen uitvoeren   **Beheersing**
heeft de organisatie informatie nodig. Dat kan informatie zijn over de voort- **Informatie**
gang van het proces, maar ook inhoudelijke informatie die in een processtap
gebruikt wordt. Neem bijvoorbeeld de casus van Concert Tickets. Het bedrijfsproces dat beschreven wordt betreft de reservering en verkoop van

concertkaarten. Om dit proces te beheersen, is het noodzakelijk dat de organisatie beheersingsprocessen toevoegt, zoals het bijhouden van de beschikbare plaatsen en de controle of de boeking via Ideal is gelukt. Dit zijn inhoudelijke stappen die nodig zijn om het gehele proces goed te laten verlopen. In figuur 1.6 is het PBI-model gevuld voor Concert Tickets.

FIGUUR 1.6 Het PBI-model voor verkoop concertkaarten via internet

TUSSENVRAAG 1.4

a Benoem en beschrijf het – in de openingscasus van Bolte – beschreven bedrijfsproces.
b Welke risico's loopt Bolte bij dit verkoopproces?
c Welke activiteiten voert Bolte uit om het proces te beheersen en zoveel mogelijk van de risico's uit te sluiten?
d Welke informatie heeft Bolte nodig om de beheersing van het bedrijfsproces te kunnen uitvoeren?

Samenvatting

Dit eerste hoofdstuk is een kennismaking met bedrijfsprocessen en administratieve organisatie. Het vakgebied administratieve organisatie houdt zich bezig met de volledigheid en betrouwbaarheid van bedrijfsprocessen. We hebben ook de relatie tussen de organisatorische verantwoordelijkheden en de bedrijfsprocessen weergegeven. Het is daarbij belangrijk te constateren dat processtappen altijd binnen een organisatorische verantwoordelijkheid worden uitgevoerd. Maar niet alle stappen in een bedrijfsproces zullen binnen dezelfde organisatorische verantwoordelijkheid worden uitgevoerd. Vanuit het oogpunt van interne controle is het aan te raden verschillende organisatorische eenheden binnen een proces verschillende stappen te laten uitvoeren. Daarna hebben we een aantal ontwikkelingen beschreven die invloed hebben op het functioneren van organisaties in de huidige tijd. Dat waren de ontwikkelingen rondom globalisering, IT-ontwikkelingen, samenwerking tussen bedrijven en ontwikkelingen in organisaties zelf. Het is belangrijk om op de hoogte te blijven van ontwikkelingen die invloed uitoefenen op het functioneren van bedrijven. Ook is de typologie van Starreveld

beschreven volgens welke je bedrijven kunt indelen. Deze typologie onder-
scheidt organisaties die wel en die niet werken voor een markt. Het gebruik
van deze typologie helpt bij het analyseren van bedrijfsprocessen in dit type
bedrijven. Processen in bedrijven of organisaties die in dezelfde klasse vallen hebben namelijk vergelijkbare processtappen.

Als laatste introduceerden we het PBI-model dat verder in dit boek gebruikt
wordt. PBI staat voor Proces – Beheersing – Informatie. De term geeft weer
dat bedrijfsprocessen de basisactiviteiten vormen van de organisatie.

De beheersing van de bedrijfsprocessen is van groot belang voor het goed
realiseren van de gewenste output. Om de beheersing goed te kunnen verrichten, is informatie over het functioneren van de bedrijfsprocessen noodzakelijk.

1

Vraagstukken

1

V1.1 In apotheek Mooimeegenomen worden medicijnen op recept van de huisarts samengesteld en verstrekt aan klanten. Hiervoor moet een klant zich bij
de balie melden. De klant geeft zijn naam en adres op. De apotheker ziet op
zijn scherm het aangevraagde recept van de huisarts. Op basis van de gegevens van de huisarts stelt de apotheker het medicijn samen en verstrekt het
aan de klant. De apotheker dient de rekening bij de zorgverzekeraar in en als
het medicijn niet voor vergoeding in aanmerking komt, betaalt de klant de
rekening. De apotheker registreert dit.

In dit proces zitten een paar risico's opgesloten. Wij noemen alleen de volgende twee:
1 Welk risico loopt de apotheek bij zeer dure medicijnen en de houdbaar-
   heid van de medicijnen? Een van de risico's hiervan is dat medicijnen in
   de verkeerde vorm aanwezig zijn, met de kans dat ze te lang blijven liggen
   en dus over de houdbaarheidstermijn heen gaan.
2 Welk risico loopt de apotheker bij het betalingsproces? Een probleem dat
   zich hier voor kan doen, is dat de klant bij betaling op rekening niet gaat
   betalen. Een ander risico is dat de klant de zorgkostenverzekeraar laat betalen en dat het medicijn niet onder de vergoedingsregels valt.

De vraag is natuurlijk hoe de apotheker deze risico's kan opvangen.
a Noem bij elk van de drie genoemde risico's mogelijke maatregelen die jij zou
   bedenken.
b Wat voor soort bedrijf is dit conform de typologie van Starreveld?
c Teken het primaire proces in een basisstructuur.
d Beschrijf het klantenorderproces.
e Benoem een tweetal risico's in het klantenorderproces.
f Teken het PBI-model voor het klantenorderproces.

V1.2 In de mountainbikewinkel GaatieSnel worden alleen mountainbikes verkocht op specificatie van de klant. De winkeleigenaar is zelf een fanatiek
mountainbiker en weet dat elke fiets zijn specifieke eigenschappen nodig
heeft voor de echte mountainbiker en heeft besloten van zijn winkel een
speciaalzaak te maken. Als een klant binnenkomt en informatie vraagt over
een mountainbike, vult de eigenaar samen met de klant een assemblagefor-
mulier in waarop de samenstelling van zijn bike wordt vastgelegd. Na de verkoop wordt afgesproken wanneer de bike geleverd kan worden. Meestal
duurt dat twee tot vier werkdagen.

Nadat de verkoop is gesloten, worden de assemblageorders afgegeven aan
de werkplaats, waar twee monteurs de onderdelen verzamelen uit het onderdelenmagazijn en de fiets in elkaar zetten. Na een proefrit wordt de fiets
gepoetst en wordt hij klaar voor de aflevering in de winkel geplaatst.

Op de afgesproken dag komt de klant zijn bike ophalen. Hij maakt een proefrit, waarna hij na goedkeuring de bike betaalt en meeneemt.

a Wat voor soort bedrijf is de mountainbikewinkel in de typologie van Starreveld?

b Teken het primaire proces in een basisstructuur.

c Beschrijf het verkoopproces van binnenkomst van de klant tot en met aflevering.

d Benoem ten minste twee risico's die de winkelier loopt in het verkoopproces.

e Welke maatregelen zou jij nemen om deze risico's te beperken?

f Beschrijf het PBI-model voor Gaatiesnel.

V1.3 In het kader van globalisering spelen afspraken over vrij verkeer van goederen en diensten, geld en personen een belangrijke rol. In dat kader zijn TPP (Trans-Pacific Partnership) en TTIP (Transatlantic Trade and Investment Partnership) actueel.

a Wat tracht men concreet met deze overeenkomsten te bereiken? Noem 3 zaken.

b Wat zijn de belangrijkste argumenten van de tegenstanders van TTIP? Noem er 3.

2
Bedrijfsprocessen

In dit hoofdstuk gaan we het PBI-model meer in detail bekijken. We gaan de P van proces verder uitdiepen en we behandelen een generiek procesmodel, waarbij we onderscheid maken tussen primaire en secundaire processen. Daarna introduceren we strategische, tactische en operationele processen en maken we kennis met besturende of beheersende processen zodat een procestypologie ontstaat. Beheersende processen vormen de B van Beheersing uit het PBI-model. We maken het PBI-model compleet door in te gaan op de I die staat voor de rol van Informatie bij zowel de besturing van processen als binnen de processen zelf.
Procesbeheersing is onderdeel van systeemkunde. AO maakt behalve van procesbeheersing ook gebruik van andere begrippen uit de systeemkunde: hiermee sluiten we dit hoofdstuk af.

2

Smartphone-shop Mobile4U

Mobile4U is gevestigd in een druk winkelcentrum en trekt veel klanten, zoals Kevin. Kevin wil een nieuwe smartphone met abonnement aanschaffen. Hij heeft al uitvoerig diverse sites bestudeerd, weet wat er te koop is, en gaat voor een speciale actie die eind deze week afloopt. Hij is de eerste klant en Toon, de verkoopmedewerker, heeft de kooplust van Kevin al snel in de gaten en gaat over tot zakendoen.

Eerst wordt het nieuwe abonnement geregeld. Daarvoor wordt Kevins rijbewijs gescand en wordt via de pinautomaat zijn bankrekeningnummer ingelezen.

Toon gaat vervolgens naar het magazijn, dat alleen toegankelijk is via een badge met pincode.

Toon neemt de doos met daarin de door Kevin uitgekozen smartphone uit een magazijnschap en controleert of hij het juiste type heeft gepakt.

Dan start Toon zijn ABO-app om contact te leggen met de telecom provider. Toon registreert een aantal gegevens van Kevin, waaronder zijn NAW-gegevens, het rekeningnummer waarvandaan de abonnementskosten zullen worden geïncasseerd en het soort en het nummer van het identiteitsbewijs. Daarna registreert Toon het IMEI-nummer, een uniek serienummer van elke smartphone. Dat nummer staat op de zijkant van de doos, in de telefoon op een stickertje onder de accu en als digitaal nummer in de smartphonechip.

Ten slotte registreert Toon nog het 06-nummer en dan print hij een contract in tweevoud. Kevin ondertekent een exemplaar. Toon stopt het andere exemplaar met de kopie van rijbewijs in een mapje dat hij opbergt in een klapper, gemerkt 'ABO', en gaat met de doos naar de kassa. Als Kevin heeft afgerekend, deactiveert Toon de doos zodat de poortjes bij de ingang niet afgaan. Bij de kas-

sa wordt nogmaals het IMEI-nummer gescand en vastgelegd.

Toon geeft ten slotte, uiteraard na betaling door Kevin, via de ABO-app de betreffende gegevens definitief door aan de telecomprovider.

Kevin pakt thuis de telefoon uit, plaatst de SIM-kaart, ziet dat alles werkt, gaat voor een spiegel staan en maakt een fotootje van zichzelf met zijn nieuwe smartphone en post dit op zijn wall op Facebook. Al snel volgen diverse likes.

We keren terug naar de winkel van Toon. Op basis van de gegevens van de kassa wordt de voorraad toestellen bijgehouden; iedere keer als er een toestel wordt verkocht, gaat de voorraad niet alleen in het magazijn maar ook 'in de kassa' eentje omlaag.

Toon draait regelmatig een overzicht uit van alle verkochte toestellen per soort; de toestellen die 'hard lopen' staan daarop aangeduid met drie sterren voor het typenummer en op basis van die informatie en de aanwezige voorraad kan Toon besluiten om bij te bestellen. Dat doet hij bij een DC (DistributieCentrum), ook weer via een app. Toon logt in met zijn klantcode en wachtwoord en kan dan binnen bepaalde grenzen bestellen wat hij wil. Afhankelijk van de wensen van Toon worden de zendingen binnen 24 uur, binnen vier uur of zelfs door een fietskoerier binnen het uur gebracht. Vanzelfsprekend geldt hier 'hoe sneller hoe duurder', maar het komt wel eens voor dat een bepaald toestel heel hard loopt en Toon heeft een bloedhekel aan 'nee' verkopen.

Op het eind van een werkdag bevat de ABO-klapper alle contracten met bijbehorende documentatie. Toon stuurt een kopie van de inhoud van de ABO-klapper de volgende dag naar de telecom-provider, zodat die naast de digitale gegevens uit de ABO-app ook over de papieren bewijsstukken beschikt.

2.1 Bedrijfsprocessen bekeken

Op basis van de openingscasus Mobile4U gaan we in deze paragraaf in op
hoofd- en subprocessen, de mate van detail bij het beschrijven van processen en het begrip procesgrens: waar begint een proces en waar houdt het
op? Voor het beschrijven van processen gebruiken we een eenvoudige schematechniek Een meer formele en in de AO vaak gebruikte schematechniek
zullen we dan introduceren in hoofdstuk 3.

We zien bij Mobile4U een aantal bedrijfsprocessen. Klanten kopen telefoons
via het verkoopproces. Als er telefoons verkocht worden, zullen die ook ingekocht en bewaard moeten worden: daar zorgen het inkoopproces en het
magazijnproces voor.

We nemen verkoop als voorbeeld en gaan dat proces verder detailleren in
subprocessen.
Voor verkoop ziet dat er dan uit als volgt (zie tabel 2.1), waarbij we de namen
Kevin en Toon vervangen door Klant en Verkoper:

TABEL 2.1 Verkoopproces

1	Klant	bestelt telefoon
2	Verkoper	controleert en kopieert documenten van klant
3	Verkoper	haalt telefoon uit magazijn
4	Verkoper	registreert gegevens van klant en telefoon
5	Verkoper	produceert en verwerkt contract
6	Verkoper	handelt verkoop telefoon af aan de kassa
7	Klant	betaalt en neemt telefoon in ontvangst

Merk op dat we het proces laten beginnen in de winkel en het daar ook weer
laten ophouden. Dus het feit dat de klant voordat hij de winkel binnengaat al
uitvoerig heeft geshopt op het internet, en dat de klant vroeg is opgestaan
vermelden we hier niet, evenmin als het uitpakken van de smartphone, het
maken van de foto en het posten op Facebook. We houden ons alleen bezig
met datgene wat in de winkel gebeurt, buiten de winkel gebeurt ook heel
veel, maar dat is nu niet aan de orde. Met deze keuze trekken we als het ware
een grens, die in ons geval bestaat uit de muren van de winkel.

Door de keuze van de muren van de winkel als grens is meteen duidelijk
waar het proces start en waar het ophoudt: het begint als de klant in de winkel bestelt en het eindigt als de bestelling geheel is afgerond, dus als de
smartphone 'van Kevin' is en Kevin de winkel uitstapt.

Merk verder op dat we nog niet alle feiten over het verkoopproces hebben
vastgelegd. Dat gebeurt als we de processtappen uit tabel 2.1 verder gaan detailleren. Zo'n processtap is op te vatten als een klein proces op zichzelf. Wij
noemen dat een subproces.

Subproces

In schema ziet bijvoorbeeld het subproces voor processtap 4 er als volgt uit (zie tabel 2.2).

TABEL 2.2 Registratiesubproces

4.1	Verkoper	start ABO-programma
4.2	Verkoper	registreert het gecontroleerde ID-nummer en bankrekeningnummer
4.3	Verkoper	registreert NAW-gegevens klant
4.4	Verkoper	registreert IMEI-nummer
4.5	Verkoper	registreert smartphone-nummer

TUSSENVRAAG 2.1
Probeer nu zelf de processtappen 3 en 6 uit tabel 2.1 te detailleren in subprocessen.

Een aantal zaken uit de openingscasus heeft rechtstreeks te maken met AO en komt in de volgende hoofdstukken uitgebreid aan bod. Om de gedachten alvast in de goede richting te laten gaan, stellen we als afsluiting van paragraaf 2.1 een aantal vragen over enkele AO-aspecten uit Mobile4U.

TUSSENVRAAG 2.2
Hoe voorkomt Mobile4U dat klanten zonder te betalen een smartphone uit de winkel meenemen?

Naast het risico van diefstal loopt een winkelier of onderneming die goederen meegeeft of diensten levert zonder contante betaling daarvoor te verlangen ('boter bij de vis') ook het risico dat klanten voor deze geleverde goederen en diensten niet willen of kunnen betalen. In de openingscasus zijn verschillende maatregelen zichtbaar waardoor dit risico zoveel mogelijk wordt beperkt. Als een klant niet betaalt, is het belangrijk dat de onderneming die recht heeft op die betaling de niet-betalende klant kan aanpakken. Dan moet je wel zeker weten dat die klant ook echt bestaat en bij voorkeur moet je ook weten waar die klant woont.

TUSSENVRAAG 2.3
Hoe zorgt de telecom-provider er via Mobile4U voor dat alleen bestaande klanten met een bestaand bankrekeningnummer een abonnement kunnen nemen? Hoe zorgt
de provider er van tevoren voor dat de abonnementhouder ook daadwerkelijk gaat betalen?

Niet alleen ondernemingen, maar ook particulieren lopen natuurlijk het risico van diefstal, en telefoons worden maar al te vaak weggenomen of zelfs via straatroof afgepakt. Ook laten mensen hun telefoon nogal eens per ongeluk liggen. Daarom is het belangrijk dat elke telefoon uniek identificeerbaar is. Uniek identificeerbaar wil zeggen dat het apparaat een eigenschap bezit die geen enkel ander exemplaar in de wereld heeft, bijvoorbeeld een uniek serienummer. Het 06-nummer dat bij de smartphone hoort, is hiervoor niet geschikt, omdat het 06-nummer niet bij de telefoon, maar bij het SIM-kaartje hoort.

TUSSENVRAAG 2.4
In de openingscasus wordt gesproken over het zogenaamde IMEI-nummer. Zoek op het internet aanvullende informatie over IMEI. Welke feiten
worden bij de aankoop van een smartphone vastgelegd? Wie heeft er
baat bij een zorgvuldige registratie van deze feiten?

2.2 Functionele bedrijfsprocessen

Op basis van het waardeketenmodel van Porter geven we een algemene
beschrijving van de primaire en secundaire bedrijfsprocessen van een
productiebedrijf. Daarna passen we dit model toe op een dienstverlenende
organisatie.

CASUS 2.1

AWF aanhangwagens

We gaan mee met een groepje eerstejaars-
studenten economie, die een praktijkopdracht
uitvoeren bij de AWF Aanhangwagenfabriek.
De opdracht is om alle bedrijfsprocessen te
benoemen en daarna vast te leggen. Het
groepje bestaat uit drie studenten: John,
Daisy en Abdel.
Ze gaan naar de receptie, zeggen waarvoor
ze komen en wachten op Karel, de vader van
Daisy, die aangeboden heeft om hen rond te
leiden en vragen te beantwoorden. Karel is
bedrijfsleider en vindt het leuk om met het
groepje studenten rond te lopen en bestookt
te worden met vragen.
Karel stelt voor om bij het begin te beginnen
en gaat naar het magazijn grondstoffen,
waar stalen profielen, plaatmaterialen, wie-
len en nog een heleboel kleine onderdelen
liggen. Karel loopt vervolgens door naar de
productieafdelingen, waar de studenten zien
hoe vanuit de grondstoffen geleidelijk aanhangwagens ontstaan. Achter in de monta-
gehal is er vaag een aparte productielijn
voor kleine aanhangwagentjes zichtbaar,
maar als de studenten daar meer van willen
weten zegt Karel: 'Dat is een nieuw project
waar wij veel ontwikkelgeld in gestopt hebben, en daar doen we voorlopig geen mede-
delingen over.'
Karel groet zijn medewerkers, staat af en
toe stil om een praatje te maken en beant-
woordt even een telefoontje. Terwijl hij zijn
telefoon weer opbergt, vraagt hij aan John:
'Nu hebben we gezien hoe de goederen de

fabriek ingaan en hoe er aanhangwagens
van gemaakt worden. Wat zou de volgende
stap zijn?'
John zegt meteen: 'Jullie moeten die aanhangwagens ook weer uit de fabriek weg krijgen!' 'Precies', zegt Karel, 'kom maar mee.'
Buiten staat op een groot parkeerterrein een
fors aantal aanhangwagens in alle kleuren
en afmetingen. Karel zegt: 'Deze zijn natuurlijk allemaal al verkocht, want we starten
onze productie pas als we een order hebben.
Wat hier staat wordt binnen twee dagen weg-
gebracht naar onze klanten of opgehaald.'
Ze zien hoe met een klein karretje een net
gereedgekomen aanhangwagen keurig in
een rij wordt geparkeerd, terwijl ergens anders een grote truck met oplegger wordt be-
laden met een tiental aanhangwagens.
Dat was het dan! 'Hoho', zegt Daisy, 'we zijn
nog niet overal geweest, we hebben alleen
nog maar de fabriek en de magazijnen gezien. Daar staat nog een groot kantoor!'
'Oké', zegt Karel, 'daar zitten de verkoop en
onze ondersteunende diensten. Mijn taak
voor jullie zit erop, ik geef jullie over aan
onze marketingmanager, Wim van Zelst.' Abdel vraagt heel pienter aan Karel: 'Hoe hebben jullie de marketing georganiseerd?'
'Wel', zegt Karel, 'we werken met dealers
die hun bestellingen plaatsen bij onze afdeling Binnendienst.' Ze zien een grote kan-
toortuin, waar vele talen klinken. 'Jaja', zegt
Wim, 'we leveren door heel Europa, niet alleen aanhangwagens, maar ook reserveon-

derdelen, het onderhoud doen onze dealers. Wat je hier ziet is de binnendienst, we hebben ook nog een buitendienst. We willen nauw contact onderhouden met onze dealers om te horen wat er speelt bij onze klanten, nieuwe wensen kunnen we zo snel herkennen en vertalen naar nieuwe producten. We brengen dan ook regelmatig nieuwe modellen op de markt, heeft Karel jullie de testbank laten zien? Nee? Oké, dan laat ik jullie eerst de ontwerpafdeling zien, waar we nieuwe aanhangwagens bedenken en dan sluit ik af met een wandelingetje terug naar de fabriek naar de testbank.'

Daisy zegt: 'Maar er gebeurt toch nog meer op dit kantoor, en waar zit de directie?'

'Tjonge', zegt Wim, 'jullie willen echt wel alles weten!' 'Ja', zegt Daisy, 'we moeten dan ook alle bedrijfsprocessen benoemen!'

'Oké', zegt Wim, 'er valt niet zo heel veel te zien, het zijn gewoon kantoren, hier in deze gang zitten Personeelszaken, de ICT-afdeling, Logistiek en Inkoop en daarachter zit de administratie. De directie zit een verdieping hoger.' Ze lopen langs de kantoren, werpen waar dat gaat een blik naar binnen en zien het gebruikelijke beeld: medewerkers achter bureaus met een beeldscherm, bij ICT is er net een werkoverleg, want de afdeling zit aan een vergadertafel naar een presentatie te kijken.

Een verdieping hoger is de inrichting net wat luxer, er is ook een vergaderzaal die niet gebruikt wordt. En dan hebben we echt alles van het kantoor gehad. 'Nog vragen', zegt Wim. 'Nee? Oké, dan stel ik voor dat we de testbank nog gaan bekijken en dan zijn we vlakbij de fabriekskantine, dan kunnen we daarna net zo goed een hapje gaan eten.' De studenten vinden dat een strak plan en

nadat ze de testbank hebben gezien, gaan ze naar de kantine, waar ze de lunch gebruiken in het gezelschap van Wim en Karel en nog allerlei vragen stellen.

Daisy vraagt: 'Wat zijn nou de belangrijkste processen?' Wim zegt meteen: 'Het belangrijkste bij AWF is natuurlijk aanhangwagens verkopen, produceren, naar de klant brengen en dan zorgen dat de klant er zo lang mogelijk plezier van heeft, service dus. Om te produceren heb je grondstoffen nodig en je gereed product moet je afvoeren. Dat heeft allemaal rechtstreeks met onze aanhangwagens te maken, dus dat noemen we onze primaire processen. Wat je in het kantoor gezien hebt zijn de processen die het primaire proces ondersteunen, dat zijn onze secundaire processen.'

'Welke zijn dat ook alweer', vraagt John. Karel kijkt John eens aan en zegt: 'Wat denk je zelf?' John begint: 'Eh, productontwikkeling, inkoop en logistiek, personeelszaken …'

'Stop', zegt Abdel 'dat zijn gewoon afdelingen, dat zijn toch geen processen!'

Karel en Wim glimlachen eens en Wim zegt: 'Abdel heeft gelijk, maar als je nou eens eerst alle afdelingen opsomt, kun je daarna misschien een lijst maken van de secundaire processen.' 'Zo is dat!', zegt John en hij gaat verder: 'Dus dan waren we bij personeelszaken gebleven, dan hebben we nog ICT, administratie, directie, eh …' Wim helpt: 'De testbank natuurlijk en dan nog deze kantine!' 'Oké', zegt Daisy, 'dat waren de afdelingen en straks op school gaan we daar de processen bij benoemen.' De lunch is voorbij en Karel en Wim lopen nog even mee naar de receptie, waar de studenten bedanken voor de rondleiding, afscheid nemen en het terrein van AWF verlaten.

Waardeketen-model van Porter

Welke bedrijfsprocessen hebben de studenten nu gezien? Er bestaat een algemeen model dat geschikt is om als uitgangspunt te dienen bij het beantwoorden van deze vraag: het waardeketenmodel van Porter. Dit model is al in 1985 ontwikkeld en geeft een generieke opsomming van alle bedrijfsprocessen in een organisatie. Generiek wil zeggen dat het mogelijk is om het model toe te passen op elke organisatie, of dit nu een handelsbedrijf, productiebedrijf, dienstverlener of een instelling is.

Het model is oorspronkelijk ontwikkeld om na te gaan hoe de verschillende bedrijfsprocessen in een organisatie op elkaar zijn afgestemd om zoveel mogelijk waarde te genereren voor de klant, vandaar de naam waardeketen. Maar het model is ook goed te gebruiken om als uitgangspunt te dienen bij het beschrijven van bedrijfsprocessen. In figuur 2.1 is de waardeketen, in het Engels value chain genaamd, afgebeeld.

Waardeketen
Value chain

2

FIGUUR 2.1 Waardeketen

Allereerst maakt Porter onderscheid tussen primaire en secundaire processen, die in totaal uit negen generieke bedrijfsprocessen bestaan. In hoofdstuk 5, 6 en 7 worden deze processen meer in detail behandeld.
Primaire processen geven invulling aan het bestaansrecht van een organisatie: ze zorgen ervoor dat een organisatie kan doen waarvoor ze is opgericht.

Secundaire processen

Primaire processen

TUSSENVRAAG 2.5
Wat is het doel van AWF? En het doel van een hbo-instelling?

De primaire processen bij Porter zijn:
1 inkomende logistiek
2 operatie of uitvoering
3 uitgaande logistiek
4 marketing en verkoop
5 service en nazorg

Ad 1 Inkomende logistiek
Bij Inkomende logistiek worden goederen aangevoerd, eventueel gekeurd en daarna opgeslagen in afwachting van het verbruik in productie. Ook het afroepen van de goederen (routinematig bestellen van bekende goederen bij bekende leverancier) valt onder inkomende logistiek.

Ad 2 Operatie of uitvoering
Bij Operatie of uitvoering worden grondstoffen en ingekochte halffabricaten en modules via een aantal bewerkingen en assemblagestappen omgezet in een eindproduct dat men kan leveren aan een klant.

Ad 3 Uitgaande logistiek
De Uitgaande logistiek zorgt ervoor dat gereed product, afkomstig uit Operatie, na eventuele opslag in het magazijn gereed product uiteindelijk bij de klant terechtkomt.

Ad 4 Marketing en verkoop
Marketing brengt de behoefte van de klant in kaart en zorgt voor de vertaling van deze behoefte naar producten die de klant via Verkoop kan kopen.

Ad 5 Service en nazorg
Als de klant eenmaal het product heeft aangeschaft, zorgt dit proces ervoor dat de klant het product optimaal kan gebruiken, bijvoorbeeld door het regelen van een servicedienst met reserveonderdelen, maar ook via een helpdesk of klantenservice.

De secundaire processen zijn aanwezig om ervoor te zorgen dat de primaire processen kunnen functioneren. Ze ondersteunen dus de primaire processen maar geven niet direct invulling aan het bestaansrecht, wel indirect.

Ondersteunende processen Daarom worden deze processen ook wel de ondersteunende processen genoemd. Een voorbeeld is het personeelsproces bij AWF. Doel van AWF is niet het aanstellen van de juiste medewerkers om aanhangwagens te verkopen en te produceren, maar zonder medewerkers wordt het wel lastig om aanhangwagens te maken.

De secundaire processen bij Porter zijn:
1 organisatorische infrastructuur
2 human resources management
3 (technologie)ontwikkeling
4 inkoop in brede zin

Ad 6 Organisatorische infrastructuur
De organisatorische infrastructuur zorgt ervoor dat de organisatie kan functioneren via facilitair management (beheer), catering, security en -informatiesystemen. Ook de besluitvorming, ontwikkeling van strategie en beleid (directie) en de financiële processen worden tot dit proces gerekend.

Ad 7 Human resources management
HRM, ook wel personeelsproces genoemd, is verantwoordelijk voor het in dienst nemen en houden van de juiste medewerkers.

Ad 8 (Technologie)ontwikkeling
Bij (technologie)ontwikkeling worden op aangeven van Marketing producten ontwikkeld en productierijp gemaakt. Ook worden hier de bijbehorende productieprocessen en -methoden ontwikkeld en benodigde machines gespecificeerd.

Ad 9 Inkoop in brede zin
Inkoop in brede zin voorziet in alles wat de organisatie niet zelf maakt, via leveranciersselectie, contracteren en het volgen van de inkooporder tot en met het beoordelen van de leverancier.

Hoe ligt nu de relatie tussen de negen processen van Porter en AWF? Sommige processen komen letterlijk overeen, andere processen vind je niet letterlijk terug bij AWF, maar ze zijn er wel. Een voorbeeld van de eerste categorie is natuurlijk Personeelszaken, maar hoe is Technologieontwikkeling bij AWF geregeld? Bij AWF is er een aparte ontwerpafdeling waar nieuwe aanhangwagens worden bedacht en ontwikkeld. Dit proces wordt gevoed door de buitendienst, die ideeën van klanten verzamelt en het proces resulteert uiteindelijk in nieuw ontworpen aanhangwagens die op de testbank worden beproefd, waarna het ontwerp eventueel kan worden verbeterd.

TUSSENVRAAG 2.6
Vul nu de overige processen uit de waardeketen in voor AWF.

Het waardeketenmodel is geschikt voor alle typen organisaties, maar zal er voor verschillende typen verschillend uitzien. Zo zal bij een echt handelsbedrijf, denk aan Mobile4U geen productiefunctie aanwezig zijn. Als er geen goederenstroom door het bedrijf loopt, is er sprake van een dienstverlener, denk aan de typologie van Starreveld uit hoofdstuk 1. Hoe ziet de waardeketen er dan uit? Neem als voorbeeld een hbo-instelling, hoe zit het dan met de primaire en secundaire processen?
In het algemeen zullen de secundaire processen niet veel verschillen, in alle organisaties is er immers min of meer behoefte aan een organisatorische infrastructuur, human resources management enzovoort.
Het grote verschil zit in het primaire proces. Bij AWF begint men met grondstoffen, waar men aanhangwagens van maakt, die na verkoop geruime tijd dienst zullen doen en af en toe wat onderhoud nodig hebben. Wat stroomt er dan door het hbo?
Het antwoord op deze vraag is natuurlijk: de student. De student komt meestal van mbo, havo of het vwo en verlaat het hbo na vier jaar met een Bachelor's degree op zak. De student is de klant en het product tegelijk. Dat is bij veel dienstverlenende organisaties zo.
Het productieproces is dan het leerproces bij de student, dat plaatsvindt via allerlei activiteiten, zoals college volgen, praktijkopdrachten uitvoeren, oefenen en stage lopen. Productiemiddelen zijn de faciliteiten van het schoolgebouw en de bijbehorende infrastructuur. Hoe zit het met ingaande en uitgaande logistiek?
Je kunt dit letterlijk nemen en dan betekent het de afhandeling van de dagelijkse stroom studenten van en naar de school; een goede en snelle bereikbaarheid met betrouwbaar openbaar vervoer is dan een groot pluspunt voor een school. Je kunt ingaande en uitgaande logistiek ook zien als de mate waarin de ingaande en uitgaande stroom aansluit op toeleveranciers en afnemers, wat inhoudt dat je het onderwijs precies afstemt op het in- en uitstroomniveau. In dat kader zijn goede afspraken met leveranciers, zoals mbo, havo en vwo, belangrijk alsmede goede afstemming met afnemers, zoals werkgevers of vervolgopleidingen zoals een Master.

De marketingfunctie is voor een hbo-instelling niet onbelangrijk, hieronder vallen het werven van studenten door middel van open dagen, voorlichtingsbijeenkomsten, meeloopdagen en allerlei vormen van communicatie naar de markt. Nazorg en service krijgen ook steeds meer aandacht, getuige het bestaan van allerlei alumniverenigingen en het organiseren van terugkomdagen, reünies en soortgelijke bijeenkomsten voor afgestudeerden. Bij bepaalde opleidingen is het zelfs noodzakelijk om aan voortdurende nazorg te doen, denk daarbij aan een arts of een verkeersvlieger, die wettelijk verplicht is om zijn kennis en vaardigheid op niveau te houden, maar natuurlijk ook aan accountants en controllers.

TUSSENVRAAG 2.7
Neem een dienstverlenend bedrijf waarmee je goed bekend bent en breng daarvan de waardeketen in beeld.

2.3 Typologie van bedrijfsprocessen

Uitvoerende processen

We hebben in paragraaf 2.2 kennisgemaakt met een generiek procesmodel en gezien dat er binnen een organisatie primaire en secundaire processen plaatsvinden. Er zijn ook andere indelingen in gebruik. Processen verlopen niet vanzelf: ze moeten bestuurd worden. Voor deze besturing zijn er ook processen in een organisatie: de besturende processen. Zo ontstaat het on-

Besturende processen

derscheid tussen uitvoerende en besturende processen. Deze besturende processen kunnen verder onderverdeeld worden in processen die te maken hebben met strategische, tactische en operationele besturing, zie figuur 2.2.

FIGUUR 2.2 Besturende en uitvoerende processen

Besturing

In deze paragraaf geven we een korte beschrijving van het begrip besturing. In paragraaf 2.4 gaan we daar verder op in. De processen in een organisatie zijn er niet vanzelf gekomen en ze verlopen ook niet vanzelf; ze moeten in-gericht en beheerst worden, zodat gestelde doelen worden bereikt. Deze in-richting en beheersing vatten we samen met de term besturing.
We hebben binnen de waardeketen al kennisgemaakt met het proces orga-nisatorische infrastructuur en gezien dat daaronder zowel besluitvormings-processen zijn begrepen als ontwikkeling van strategie en beleid. Strategie en beleid zijn voorbeelden van besluiten die verstrekkende en langdurige gevolgen hebben voor de organisatie als geheel. Er zijn natuurlijk ook be-sluiten die minder verstrekkende gevolgen hebben. Laten we eens even te-ruggaan naar AWF.

Strategische beslissing

Het besluit om een compleet nieuw product te ontwikkelen en in de markt te zetten, is een voorbeeld van een strategische beslissing: een beslissing die door de top van de onderneming wordt genomen, die de onderneming als geheel betreft en die gevolgen heeft voor een lange periode, men noemt dat de lange termijn.

Tactische beslissing

Een tactische beslissing wordt door de subtop van de onderneming geno-men, betreft een deel van de organisatie en heeft betrekking op de middel-lange termijn.

TUSSENVRAAG 2.8
Geef voorbeelden van tactische beslissingen uit casus 2.2 Besluitvor-ming bij AWF.

CASUS 2.2

Besluitvorming bij AWF (vervolg casus 2.1)

Het is even stil in de directiekamer van AWF. Aanwezig zijn de algemeen directeur Cees van Houten, Wim als directeur Marketing & Verkoop, Karel, de bedrijfsleider en Piet Tax, de controller die verantwoordelijk is voor Financiën en Administratie, ICT en Personeelszaken. Cees heeft zojuist benadrukt dat AWF op deze manier ten onder dreigt te gaan aan zijn eigen succes. Wat is het geval? Een half jaar geleden is AWF gestart met een gewaagd experiment: het op de markt brengen van opvouwbare fietsaanhangwagens. Het betreft een innovatief concept, uitgaande van lichtgewicht kunststofmaterialen en een gedurfd design en het is van het begin af aan een gigantische hit.

De vraag is veel groter dan de productiecapaciteit en Cees vraagt om oplossingen. Karel heeft naar voren gebracht dat er al maximaal overgewerkt wordt en dat dit niet veel langer moet duren. Wim klaagt dat het toch niet zo kan zijn dat de klanten niet beleverd krijgen en Piet wijst op de sterk toegenomen kosten in verband met het overwerk; daar staat dan wel een fors hogere omzet tegenover, maar toch.

Cees heeft daarop gezegd: 'Hoe jullie het wenden of keren, ik wil NU bruikbare oplossingen, geen problemen!' Karel zegt: 'Als we nu eens in meerploegendienst gaan werken? We voeren een ochtendploeg en een middagploeg in, daarmee verdubbel ik mijn capaciteit. We moeten onze huidige werknemers dan verdelen over deze twee ploegen, zodat de ervaring aanwezig blijft en het tekort vullen we dan op met tijdelijk personeel, dat we in vaste dienst nemen als het goed blijft gaan met onze fietskarren.'

'Hm, klinkt goed, wat vind jij ervan', vraagt Cees aan Piet. 'Zou kunnen', zegt die. 'Het zal momenteel geen probleem zijn om goede uitzendkrachten te vinden, ik denk dat we binnen nu en vier weken wel zover zijn.' Wim kijkt bedenkelijk: 'Kan dat niet sneller? Vier weken is een hele tijd en we lopen al achter.' Cees valt Wim bij: 'Inderdaad, vier weken is te lang, maar wacht eens Wim, als we nu eens de levertijd van onze standaardaanhangwagens opvoeren en we hevelen mensen over van de gewone aanhangwagens naar de fietskarren, is dat iets?' Wim zegt: 'Liever niet, maar als het niet anders kan.' Karel zegt: 'Met wat inwerken moet dit al binnen een week resultaat gaan opleveren.' 'Mooi zo', zegt Cees, 'ik wist wel dat we eruit zouden komen.'

Karel verlaat de vergadering om dit meteen met zijn afdelingshoofden te gaan bespreken: hoe kan een en ander het beste in gang worden gezet? Ze beginnen met een lijst van medewerkers en maken een indeling door achter elke naam een O of een M te zetten, dit uitgaande van vermoedelijke voorkeur van de medewerkers. Daarna kan de indeling worden besproken en definitief gemaakt. Als dit af is, bespreekt Karel nog kort een inwerkprogramma voor nieuw aan te nemen tijdelijke krachten.

Piet gaat overleg voeren met Hans, de personeelsmanager, over het aantrekken van extra personeel. Wim gaat met de mensen van de binnendienst praten over de langere levertijd voor de standaardaanhangwagens en gaat daarna werken aan een instructie voor de buitendienst over hetzelfde onderwerp.

Een operationele beslissing wordt door de werknemer zelf genomen, betreft een klein onderdeel van de organisatie en heeft betrekking op de korte termijn. Operationele beslissingen worden ook wel routinematige beslissingen genoemd. **Operationele beslissing**

TUSSENVRAAG 2.9

Geef voorbeelden van operationele beslissingen uit casus 2.2 Besluitvorming bij AWF, en probeer op basis van de casus nog meer voorbeelden te noemen van operationele beslissingen, die het gevolg zouden kunnen zijn van de tactische beslissingen van de subtop: de afdelingshoofden dus.

Men spreekt in dit kader ook wel over richten, inrichten en verrichten, in tabel 2.3 wordt dit samengevat.

TABEL 2.3 Soorten beslissingen

	Plaats in organisatie	Reikwijdte	Termijn
Strategisch	Top	Hele organisatie	Lang
Tactisch	Subtop	Afdeling	Middellang
Operationeel	Medewerker	Medewerker	Kort

TUSSENVRAAG 2.10
Geef voorbeelden van met elkaar samenhangende strategische, tactische en operationele beslissingen bij een hbo-instelling.

2.4 Besturing van bedrijfsprocessen

In deze paragraaf beschrijven we de rol van informatie bij bedrijfsprocessen en zien we dat informatie zowel een rol speelt in het proces, om de overgang van de ene processtap naar de andere mogelijk te maken, als over het proces, om de besturing van dat proces mogelijk te maken.

Als we naar het bedrijfsproces verkoop in casus 2.3 kijken, dan zien we dat het proces een aantal keren van uitvoerder verandert. Eerst komt de klant, dan is Candy twee keer aan de beurt, vervolgens is de klant weer aan zet, dan Candy weer, vervolgens voert Huang twee handelingen uit en ten slotte eindigt het waar het is begonnen: bij de klant.

CASUS 2.3

De Patathoek

Jan gaat snacks halen bij De Patathoek, de lokale snackbar gerund door Candy en Huang.
Hij bestelt: 1 patat oorlog, 1 patat gewoon, 1 frikadel speciaal en 1 slaatje om meteen op te eten, de rest is meenemen.
Candy noteert de bestelling van Jan op een blocnote. Als Jan de bestelling afrondt met 'Da wazzut', slaat ze alles aan op de kassa, noemt ze de bestelling nog eens op en besluit dan met 'dat is dan 13,45'. Even een technische mededeling tussendoor: elk artikel heeft een unieke code met een aan de code gekoppelde prijs.
Jan geeft vijftien euro en zegt: 'Doe maar veertien.'

Candy geeft Jan 1 euro terug, stopt 55 cent in de fooienpot en streept de bestelling van Jan op de blocnote door.
Jan krijgt zijn slaatje en begint dat meteen naar binnen te werken.
Candy legt de rest naast de frituurpannen, waar Huang de scepter zwaait en bevestigt de kassabon op een speciaal prikbord. Dit prikbord bevat de kassabonnen van alle bestellingen die op dat moment in bewerking zijn en wordt door Huang gebruikt als planbord en om overzicht te houden.
Als er plaats is in de frituur bakt Huang de snacks en de patat, doet daarna alles in plastic bakjes, pakt ze in en stopt het in een draagtas.

Hij pakt het bonnetje van het prikbord en leest de bestelling nog eens voor. Als Jan roept: 'Das voor mij', overhandigt Huang de tas met het bonnetje erin aan Jan, die daarna snel naar huis gaat. Na Jan volgen nog veel andere klanten.

Op het eind van de dag, na sluitingstijd, telt Candy het geld in de kassa en brengt ze de dagstaat van de kassa over naar de pc, waarop ze de boekhouding van De Patathoek bijhoudt. De kassa is via een netwerk met de pc verbonden en na het intoetsen van een code op de pc zoekt de pc contact met de kassa en verloopt het datatransport vanzelf.

Op basis van de dagstaat wordt een aantal journaalposten gemaakt en wordt bovendien een overzicht gemaakt van het verbruik van alle artikelen. Op basis van dit verbruik en de nog aanwezige voorraad beoordeelt Candy dagelijks of er nog artikelen bijbesteld moeten worden. Dit bestellen geschiedt nog geheel handmatig.

Het bedrijfsprocesschema van De Patathoek ziet er als volgt uit:

Verkoop
1 Klant bestelt.
2 Candy noteert bestelling.
3 Candy slaat bestelling aan op kassa en rekent af.
4 Klant betaalt.
5 Candy verzamelt snacks (assemblage).
6 Huang plant het bakken van snacks in.
7 Huang bakt snacks en pakt in en geeft aan klant.
8 Klant neemt snacks mee naar huis.

Inkoop
1 Opmaken dagstaat met dagelijks artikelverbruik.
2 Visuele controle van aanwezige voorraad.
3 Beoordelen of voorraad toereikend is.
4 Handmatig bestellen.

Iedere keer als er een nieuwe stap gezet wordt, vindt er een overdracht plaats. Stap 1 en 2 worden verbonden door het noemen van de bestelling. Stap 2 en 3 worden verbonden door een schriftelijke weergave van de bestelling, enzovoort. Wij noemen dat informatieoverdracht.

TUSSENVRAAG 2.11
Maak een schema van alle stappen van het verkoopproces met de bijbehorende vorm van informatieoverdracht.

Een belangrijk aspect van AO bestaat uit het waarborgen van de kwaliteit van deze informatieoverdracht. Kwaliteitseisen zijn onder meer volledigheid (er mag geen informatie verloren gaan) en juistheid (er mag geen informatie al dan niet opzettelijk veranderd worden). In hoofdstuk 3 gaan we hier verder op in.

Bij informatieoverdracht gaat het om informatie die als het ware in het proces zit, het proces kan niet verder zonder deze informatie: als Candy zegt 'mag ik even afrekenen', Jan antwoordt 'hoeveel is het' en Candy zou zeggen 'tja, dat zou ik ook niet weten', dan zou Jan toch wel verbaasd zijn en zeggen 'kijk eens op de kassa, Candy'. In dit kleine voorbeeld kan de haperende en dus foute informatieoverdracht nog makkelijk geconstateerd en hersteld worden; dat komt omdat beide partijen die bij de informatieoverdracht betrokken zijn, gelijktijdig aanwezig zijn bij de overdracht en meteen kunnen reageren als het mis dreigt te gaan. Als er echter een tijdverschil zit tussen twee stappen lukt dit niet meer, en dat geldt ook als de twee partijen zich op afstand van elkaar bevinden. Behalve een onvolledige of afwezige informatieoverdracht kan er natuurlijk ook sprake zijn van een onjuiste overdracht.

Als Jan zou hebben verstaan 'dat is dan 10,45' in plaats van 13,45 en hij zou 11 euro geven, dan zou ook dit onmiddellijk aan het licht komen als Candy tenminste op zou letten; anders zou er aan het eind van de dag een kasverschil geconstateerd worden.

In dit hoofdstuk hebben we kennisgemaakt met grote en kleine organisaties, met verschillende manieren om het werk te verdelen en met een aantal mogelijke manieren om het werk te coördineren. In alle situaties is er altijd sprake van bedrijfsprocessen, en die verlopen niet altijd vanzelf: die moeten ingericht en geregeld worden. De volgende casus kan dienen als voorbeeld. Als bedrijfsproces kiezen we voor het in de gewenste kleur brengen van gerestaureerde auto-onderdelen (spatborden, motorkappen enzovoort) in een speciale spuitcabine.

CASUS 2.4

ROT (Restauratie Old Timers)

De stappen in het bedrijfsproces van ROT bv zijn als volgt:
1 Klant brengt het onderdeel naar de lakstraat.
2 Lakstraat doet prijsopgave en maakt afspraak over datum gereed.
3 Lakker spuit het onderdeel mooi egaal in de gewenste kleur.
4 Na het lakken wordt het onderdeel te drogen gezet.
5 Na het drogen wordt het onderdeel netjes schoongepoetst, alle vingerafdrukken eraf.

Alles loopt op rolletjes bij ROT bv en de klanten komen van heinde en verre. Na verloop van tijd gaat het toch niet zo goed meer, want er komen klachten. Wat blijkt: sommige gelakte onderdelen vertonen allerlei krassen! Rinus, de bedrijfsleider van ROT bv schrikt hiervan en besluit om voortaan een inspectiestap toe te voegen: na het poetsen (stap 5) wordt het onderdeel zorgvuldig nagekeken en als er krassen op voorkomen, wordt het onderdeel bijgewerkt of desnoods nogmaals gelakt totdat het perfect in orde is. Het aantal klachten daalt snel naar nul. Rinus is aan de ene kant blij dat er geen klachten meer komen, maar aan de andere kant ziet hij dat de lakker sommige onderdelen wel drie keer onderhanden neemt. Dat schiet dus niet op.

Wat is er mis met de oplossing van Rinus?
Hij besluit om uit te gaan zoeken waar de krassen vandaan komen. Na een paar dagen goed opletten, ziet hij dat een medewerker bij het schoonpoetsen gebruikmaakt van een oude poetsdoek. Rinus kan zijn ogen niet geloven als hij ziet dat deze poetsdoek de krassen veroorzaakt. De medewerker zegt dat hij niet graag een poetsdoek weggooit omdat die doeken behoorlijk prijzig zijn. En had Rinus niet zelf gezegd dat we ook op de kleintjes moesten letten? Rinus laat onmiddellijk een grote doos poetsdoeken halen en voortaan moeten de poetsdoeken elke dag ververst worden. Het aantal krassen dat bij de eindinspectie wordt opgemerkt, daalt opmerkelijk, maar af en toe duikt er toch weer eentje op.
Rinus speurt door en wat blijkt: Sommige klanten brengen bekraste onderdelen en zeggen dan dat ROT bv die krassen door het lakken heeft veroorzaakt. Rinus besluit om voortaan een zorgvuldige inspectie vooraf uit te voeren, en in het bijzijn van de klant de onderdelen te fotograferen met een digitale camera. Als er klachten zijn, worden de foto's erbij gehaald en als de kras er al van tevoren inzat, kan de klant tegen een meerprijs zijn eigen probleem laten oplossen door ROT bv. Na verloop van tijd merkt de inspectie geen bekraste onderdelen meer op en besluit Rinus om de inspectiestap weer weg te halen.

De casus ROT bv laat een bedrijfsproces zien dat eerst helemaal niet geregeld is, helemaal niet bestuurd wordt. Vroeg of laat zal zo'n proces gaan ha-
peren of zelfs vastlopen, want er kan altijd iets misgaan. Bijvoorbeeld als de
AO niet goed geregeld is en er geen goede informatieoverdracht plaatsvindt,
maar ook door invloeden van andere aard, zoals materiaalfouten, falende
machines of mensen enzovoort.
Er zijn drie manieren om deze problemen aan te pakken, te 'regelen'; vooraf,
achteraf en een combinatie van beide.

TUSSENVRAAG 2.12
Wat is het voordeel van inspectie vooraf ten opzichte van inspectie
achteraf?

De eerste vorm van regeling in casus 2.3 (inspectiestap na poetsen) houdt in
dat men er aan de uitvoerkant van het proces voor gaat zorgen dat foutieve
uitvoer alsnog in orde komt. Als je verder niets doet aan het proces of aan de
invoer, kun je hier natuurlijk tot in lengte van dagen mee doorgaan.   **Toevoegen van**
Men noemt dit ook wel toevoegen van het ontbrekende.   **het ontbrekende**

De tweede vorm van regeling in casus 2.3 (elke dag poetsdoeken verversen)
houdt in dat men achteraf vaststelt dat het proces een resultaat oplevert dat
niet voldoet aan de norm, tot zover dus hetzelfde als bij toevoegen van het
ontbrekende. Men gaat echter verder, men grijpt in bij het proces, totdat dit
wel weer uitvoer oplevert die voldoet aan de norm. Dit heet terugkoppeling   **Terugkoppeling**
of feedback.   **Feedback**

De derde vorm van regeling in casus 2.3 (inspectie samen met klant en onderdelen fotograferen) houdt in dat men aan de invoer gaat meten en hierop
gaat corrigeren als de invoer foute uitvoer dreigt op te leveren. Men grijpt   **Voorwaarts-**
dus vooraf al in en men voorkomt hiermee dat er ook maar één fout gemaakt   **koppeling**
wordt. Dit noemt men voorwaartskoppeling of feedforward. In figuur 2.3   **Feedforward**
hebben we dit in schema weergegeven.

FIGUUR 2.3 Schema procesbeheersing

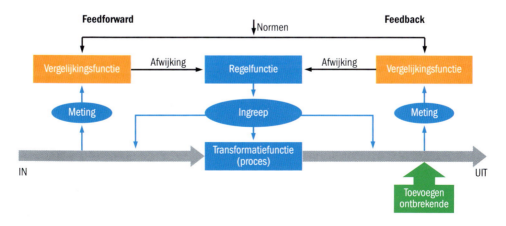

We zullen het schema van figuur 2.3 toelichten aan de hand van ROT bv. Er zijn twee normen genoemd: de uitvoer moet krasvrij zijn en ook de invoer moet krasvrij zijn. De vergelijkingsfunctie houdt in dat men via visuele inspectie, ernaar kijken dus, het aantal krassen vaststelt. Is dat aantal 0, dan gebeurt er niets, anders wordt er ingegrepen.

We verplaatsen ons nu in gedachten naar een heel ander proces, namelijk de zomervakantie van Joris.

CASUS 2.5

Zomervakantie

Joris gaat voor drie weken naar de Costa del Sol. Hij heeft een zomervakantie geboekt, waarin hij vaak de zon zal zien opkomen. Joris neemt zich voor om deze drie weken niet meer dan 300 euro per week op te maken, via vakantiewerk heeft hij 900 euro achter de hand.
Na een week kijkt hij naar zijn geldvoorraad en hij schrikt: het is harder gegaan dan hij dacht. Nog slechts 400 euro is alles wat hem resteert voor de komende twee weken. Joris denkt eens na over zijn mogelijkheden.

Wat zou jij doen?

Laten we het schema van figuur 2.3 erbij nemen.
De norm is 900 euro in drie weken, ofwel 300 euro per week. De meting is op het einde van week 1 het vaststellen van de hoogte van de geldvoorraad: 400 euro, ofwel er is 500 euro doorheen gejaagd.
Dat is 200 euro te veel.

Er zijn nu verschillende mogelijkheden: Joris kan ingrijpen in het proces en het geldverbruik terugschroeven, bijvoorbeeld in week 2 nog slechts 100 euro en dan in week 3 weer terug naar 300 euro. Of twee weken van 200 euro. In beide gevallen haalt hij de norm.
Hij kan ook besluiten om de norm aan te passen, bijvoorbeeld naar 1.500 euro per drie weken. In dat geval kan hij doorgaan in het huidige tempo, maar hij zal wel aan extra geld moeten zien te komen, bijvoorbeeld door rood te gaan staan. Omdat hij na de Costa del Sol weer meteen naar school moet, lijkt hem rood te gaan staan geen slim plan en zuchtend haalt hij zijn spreekwoordelijke broekriem aan.
Op de terugreis in de bus overdenkt Joris alles nog eens. Achteraf was het eigenlijk helemaal niet zo erg, dat rustige weekje tussendoor, nou ja rustig, om geld te sparen waren ze een paar keer met een kampvuur en een paar flessen sangria op het strand gebleven en Joris heeft daar bepaald plezierige herinneringen aan overgehouden.

Proces-beheersing

We zien hier weer een voorbeeld van procesbeheersing. Als we kijken naar de casus Zomervakantie en we volgen Joris van week tot week, dan zien we de feedback. Als we echter kijken naar de drie weken als geheel, dan zien we feedforward: uiteindelijk wordt in een keer voldaan aan de norm, het doel wordt gehaald. Men noemt dit ook wel de regelcyclus.

In een goed functionerende organisatie worden alle processen zowel op strategisch, tactisch als operationeel niveau beheerst via regelcycli. Regelcycli komen dus vaak voor bij organisaties. Men maakt bijvoorbeeld een verkoopplan voor een jaar en kijkt elke maand naar het verloop van de omzet. Als de maandelijkse omzet tegenvalt, neemt men maatregelen om de verkoop te stimuleren, bijvoorbeeld extra reclame, of men doet iets aan de prijs, drie halen twee betalen. Door deze maatregelen hoopt men de omzet per maand zodanig op te voeren dat de jaarplanning alsnog gehaald wordt. Als men na afloop van een jaar ziet dat men ondanks alle bijsturing niet verkocht heeft wat men had verwacht, bijvoorbeeld door de onverwachte komst van een nieuwe concurrent, zal men het jaarplan voor volgend jaar aanpassen.

In hoofdstuk 3 en 4 zullen we kennismaken met een aantal regelcycli uit de AO.

Samenvatting

In dit hoofdstuk hebben we nader kennisgemaakt met het PBI-model door te kijken naar de drie componenten van dat model: de P (proces), de B (beheersing) en de I (informatie). Voor de P hebben we een eenvoudige notatiemethode ingevoerd en de processen ondergebracht in een hiërarchie van hoofd- tot subproces. Daarnaast hebben we een typologie gezien en een veel gehanteerd generiek procesmodel.
We hebben gezien dat beheersing kan plaatsvinden op verschillende niveaus, dat daarvoor informatie nodig is en dat informatie bovendien vereist is om processen te laten lopen, namelijk bij de overgang van de ene processtap naar de andere processtap.

Vraagstukken

2

V2.1   We gaan terug naar de openingscasus Mobile4U en beschouwen nu het inkoopproces.

Maak een processchema van het inkoopproces en maak van een processtap uit het proces inkoop ook een schema van de subprocessen.

V2.2   De familie Smit gaat meubels kopen bij AO-world, een winkelformule die sterk lijkt op de bekende Zweedse meubelgigant. Ze parkeren de auto en betreden het doe-het-zelfwarenhuis. Jan Smit jr. van drie jaar wordt ondergebracht in de ballenbak en de rest van het gezin begint opgewekt aan de eindeloze wandeling langs een enorme collectie meubels. Als ze een kast zien die ze mooi vinden, noteren ze de naam en de plaats in het magazijn waar ze de kast kunnen vinden. Na een half uurtje wordt er omgeroepen dat Jan Smit jr. opgehaald wenst te worden en vader Smit zegt: 'Jongens, als jullie Jantje even gaan ophalen en dan met de auto voor komen rijden, ga ik ondertussen die kast ophalen en afrekenen en dan zien we elkaar bij de uitgang!'
Jan lokaliseert al snel de stelling waar de kast als bouwpakket ligt en haalt het grote en tamelijk zware pak eruit. Nadat hij heeft afgerekend gaat hij naar buiten en daar komt de auto met de rest van het gezin net aanrijden. Jan laadt in en keert huiswaarts om daar de kast in elkaar te gaan zetten.

Welke processen zijn in dit voorbeeld aanwezig?

3
Beheersing van processen

In hoofdstuk 1 en 2 zijn we ingegaan op de begrippen 'organisatie' en 'processen'. Maar ook al zien de processen er op papier nog zo mooi uit, de mensen die in de organisatie werken zullen in de praktijk fouten maken. Onbewuste fouten, die maakt immers iedereen, maar misschien ook bewuste fouten. Dat kunnen bijvoorbeeld fouten zijn waarmee medewerkers zichzelf dan wel anderen willen bevoordelen (we komen dan al snel op het terrein van fraude) of fouten waarmee mensen de werkelijkheid mooier willen voorstellen dan ze is. Zowel onbewuste als bewuste fouten zijn schadelijk voor de organisatie.
Het voorkómen van fouten in de processen kun je ook het 'beheersen van processen' noemen.
Hoe dit te bereiken, is het onderwerp van het vakgebied administratieve organisatie (AO).

In dit hoofdstuk gaan we het begrip procesbeheersing toespitsen op het vakgebied van AO. Je gaat zien wat administratieve organisatie is. Ook 'interne controle', dat vaak in combinatie met AO genoemd wordt, komt aan bod. Daarnaast leer je een aantal andere begrippen die een samenhang hebben met administratieve organisatie. Je gaat de overeenkomst en de verschillen zien, waarbij ook actuele ontwikkelingen in het vakgebied naar voren komen. Tot slot gaan we in op de methoden en technieken om de administratieve organisatie vast te leggen (de 'gereedschapskist').

Hotelstress

3

Ronnie Janson heeft de hotelschool afgerond en is in dienst getreden als assistent-manager bij een nieuwe vestiging van een net gestart hotelbedrijf. Hij valt met zijn neus in de boter: bij binnenkomst meldt de receptioniste dat de manager van het hotel bij zijn hobby, wielrennen, de afgelopen week in Frankrijk bij een afdaling uit de bocht is gevlogen en met de nodige botbreuken in een Frans ziekenhuis ligt. Ronnie, ambitieus als hij is, ziet in elk probleem een uitdaging en denkt met zijn stage-ervaring de zaak wel te kunnen regelen om zo gelijk een goede indruk bij het hoofdkantoor te maken.

Ronnie gebruikt de eerste uren om kennis te maken met de personeelsleden van de receptie, de huishoudelijke dienst en het restaurant. Dan ontstaat het eerste probleem: de boekhouder van het hoofdkantoor belt op waar de gegevens van de kamerbezetting van de afgelopen week blijven. Deze moeten voor 12.00 uur aan het hoofdkantoor gemaild worden. Ronnie vraagt aan de receptie waar hij deze gegevens kan vinden, maar die weten van niets: 'Dat doet de manager altijd.' Wel kunnen ze hem blaadjes geven waarop per gast staat wanneer die is aangekomen en vertrokken. Ronnie gaat aan de slag om daaruit een overzichtje te maken. Halverwege komt de receptioniste binnen met een nieuw stapeltje: 'Deze vond ik nog onder de balie.' Ronnie past de cijfers die hij net heeft opgesteld aan en mailt ze om 11.45 uur door.

Dan komt de receptioniste met een volgende vraag. Zij heeft een manager van een samba-band aan de telefoon, die eind augustus met maar liefst 80 mensen in het hotel wil overnachten. Maar dan willen ze wel korting: in plaats van €110 per kamer willen ze maar €70 betalen. Ronnie heeft op school geleerd dat hij hiervoor de kostprijs van een overnachting moet weten en belt hierover de boekhouder, die hij die morgen gesproken heeft. Dat had hij beter niet kunnen doen. De man is net bezig met de bezettingscijfers die Ronnie gemaild heeft en het overzichtje kan nooit kloppen. De kamerbezetting moet veel hoger geweest zijn dan Ronnie heeft doorgegeven. Kostprijs? Weet ik niet.
Ronnie besluit de groep te accepteren, want 80 man laten gaan is niet handig.

Als klap op de vuurpijl staat er aan het eind van de dag een bruidspaar op huwelijksreis aan de balie, dat de bruidssuite heeft geboekt. Maar deze is bezet. Foutje; een uitzendkracht aan de balie had vergeten de reservering in het reserveringsboek te vermelden. Wel hangt er een 'geeltje' aan de balie waarop inderdaad de naam van het jonge paar staat. Ronnie denkt: een tevreden klant gaat voor alles en brengt ze met 1.000 excuses persoonlijk naar een ander hotel in de stad, het duurste, want hij heeft wat goed te maken. Het prijsverschil hoeven ze natuurlijk niet te betalen.

Om 20.00 uur gaat Ronnie naar huis, ploft uitgeput op de bank neer en vraagt zich af of hij wel de goede keuze gemaakt heeft om hier te gaan werken.

3.1 Administratieve organisatie

In de openingscasus gaat het een en ander mis. Het zal duidelijk zijn dat, als het altijd zo gaat, het snel een puinhoop wordt binnen dit hotel en dat het bedrijf de concurrentiestrijd niet zal overleven. Hoe je een organisatie moet inrichten zodat je fouten als hiervoor en andere fouten, die we nog zullen tegenkomen, kunt voorkomen, is het onderwerp van het vakgebied administratieve organisatie.

De kennismaking met dit vakgebied doen we aan de hand van het 3-W model: **3-W model**

1 *Waarom* bestaat er zoiets als administratieve organisatie: wat is het doel?
2 *Waarmee* kan deze doelstelling bereikt worden: wat staat centraal?
3 *Wat* moet daarvoor gebeuren: hoe kan het doel worden bereikt?

Laten we deze drie vragen eens gaan onderzoeken.

3.1.1 Het doel van administratieve organisatie

Deze vraag is in het voorgaande voorbeeld al beantwoord. Populair gezegd: 'voorkomen dat het een puinhoop wordt'. Dat is natuurlijk een definitie waar we niet veel mee kunnen. Als we het 'voorkomen van een puinhoop' analyseren, blijkt het te gaan om vier begrippen:

1 besturen
2 doen functioneren
3 beheersen van een organisatie
4 verantwoording afleggen

In figuur 3.1 zijn deze vier begrippen in hun onderlinge samenhang weergegeven.
Dit geldt niet alleen voor de organisatie als geheel, maar ook voor elk organisatieonderdeel afzonderlijk, zoals een afdeling (bijvoorbeeld receptie of restaurant).

FIGUUR 3.1 De doelstelling van administratieve organisatie

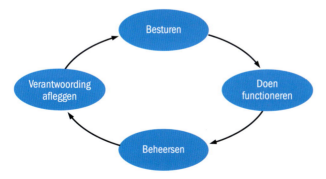

Laten we deze vier begrippen eens nader onderzoeken. Volgens het woordenboek is besturen 'de gewenste richting geven'. Als we met de auto van A naar B willen, is dit gemakkelijk voor te stellen. Al dan niet met behulp van de TomTom zorgen we dat we de auto zo bedienen dat die op het gewenste moment op de gewenste plek terechtkomt, liefst zonder schade. **Besturen**

In feite is het met organisaties niet anders: ook deze hebben een of meer vooraf bepaalde doelstellingen en alles in de organisatie is erop gericht die te bereiken. De doelstellingen zullen binnen bedrijven voor een belangrijk deel financieel van aard zijn, maar ook andere factoren spelen een rol.

TUSSENVRAAG 3.1
Noem twee doelstellingen voor Ronnie's hotel.

Doen functioneren

Als een organisatie geen doelstelling heeft, is zij stuurloos: niemand weet waar het naar toe moet. In paragraaf 3.3 gaan we in op een aantal methoden waarmee we 'het besturen' concreet kunnen maken. Het hotel 'functioneert voor geen meter'. Er gaat van alles fout en uiteindelijk zal de doelstelling niet behaald worden. 'Doen functioneren' wil eigenlijk niets anders zeggen dan dat 'de tent moet draaien'. Dit lijkt een open deur, maar blijkt in de praktijk voor organisaties van meer dan twee mensen behoorlijk lastig te zijn. Als je al eens in een projectgroep hebt gewerkt die een product op tijd moest inleveren, zal je dit wel herkennen. Laat staan hoe dit zit bij een gecompliceerd productieproces of een ingewikkeld logistiek proces van het dagelijks (op tijd) laten rijden van duizenden treinen, zoals NS dat moet doen.

TUSSENVRAAG 3.2
Noem een voorbeeld van informatie die nodig is om het hotel goed te laten functioneren.

Beheersen

Volgens het woordenboek is beheersen het 'feilloos kunnen uitvoeren of toepassen'. Toegepast op een organisatie zouden we kunnen zeggen dat de activiteiten volgens plan verlopen. Toevalligheden moet je zoveel mogelijk uitschakelen. Dit vergroot de efficiency en voorkomt fouten.

TUSSENVRAAG 3.3
Noem een voorbeeld waarbij Ronnie heeft moeten improviseren, wat ten koste is gegaan van de efficiency.

De begrippen besturen, doen functioneren en beheersen hebben betrekking op de dagelijkse activiteiten van een organisatie.

Verantwoording afleggen

De laatste doelstelling van administratieve organisatie is verantwoording afleggen. Dit verschilt in die zin van de vorige drie begrippen dat verantwoording afleggen geen onderdeel van de 'business' is, maar periodiek gebeurt. Dit kan overigens variëren van frequent (bijvoorbeeld dagelijks) tot een keer per jaar, of misschien wel met nog grotere intervallen.
Hierbij maken we onderscheid tussen intern en extern verantwoording afleggen.

In het voorbeeld van Ronnie moet hij kennelijk elke week de kamerbezetting doorgeven aan het hoofdkantoor. Andere informatie zal per maand of per kwartaal beschikbaar moeten zijn.

TUSSENVRAAG 3.4
Noem een voorbeeld van informatie per maand respectievelijk per kwartaal.

Een organisatie moet ook extern verantwoording afleggen. Het bekendste voorbeeld is de jaarrekening die gepubliceerd wordt. Ook aan de Belastingdienst moet een bedrijf verantwoording afleggen in de vorm van aangiftes, sommige maandelijks (omzetbelasting, loonbelasting) en sommige jaarlijks (vennootschapsbelasting). Daarnaast zijn er per bedrijfstak nog andere toezichthouders (bijvoorbeeld bij banken – De Nederlandsche Bank – of bij ziekenhuizen – de Inspectie voor de Volksgezondheid) waaraan een organisatie verantwoording moet afleggen.

Met de behandeling van de begrippen besturen, doen functioneren, beheersen en verantwoording afleggen hebben we de vraag beantwoord 'waarom' administratieve organisatie bestaat. Je kunt zeggen dat dit de doelstelling van AO is.

De volgende vraag die we gaan onderzoeken, is wat je nodig hebt om deze doelstellingen te bereiken (waarmee). Tot slot zullen we ingaan op de vraag wat je daarvoor moet doen.

3.1.2   Wat staat centraal in administratieve organisatie

Waar het allemaal om draait binnen administratieve organisatie, kan worden samengevat in één woord: informatie, of toch twee woorden: betrouwbare informatie.

We leven in een informatiemaatschappij. De mens wordt tegenwoordig overladen met informatie. En ook de meeste mensen in het arbeidsproces zijn 'kenniswerkers' of 'informatiewerkers'. Kijk maar eens naar binnen bij bedrijven en kantoren: veel mensen zitten de hele dag achter de computer en zijn op de een of andere manier bezig met informatie.

Om een organisatie te kunnen besturen, doen functioneren en beheersen en om verantwoording daarover af te leggen is informatie nodig. In het hotelvoorbeeld was er kennelijk geen sprake van goede informatie over de beschikbaarheid van de bruidssuite. Ook was er geen informatie bekend over de kostprijs van een kamer en was de verantwoordingsinformatie over de kamerbezetting (waarschijnlijk) onjuist.
We zouden kunnen zeggen dat informatie de 'smeerolie' is van elke organisatie. Net zoals een motor vastloopt zonder olie, loopt een organisatie vast zonder betrouwbare informatie.

Informatie

Welke informatie nodig is, hangt af van de activiteiten van de organisatie en van de medewerker waar we het over hebben. Zo zal de directeur van een supermarktketen de omzetten per winkel willen weten. Het zal hem minder interesseren dat de omzet van de groenteafdeling in de vestiging Schagen achterblijft. Dit is voor de bedrijfsleider van die vestiging wel van belang. Deze zal echter niet willen weten dat de volgende dag om 14.30 uur de vrachtauto uit het distributiecentrum komt met een nieuwe lading groenten. Dat is weer wel van belang voor de chef die op dat moment moet zorgen voor voldoende vakkenvullers. De soort informatie verschilt dus per medewerker. Daarom maken we onderscheid tussen strategische, tactische en operationele informatie. Samen vormen zij de 'informatiepiramide' die in figuur 3.2 is weergegeven.

Informatie-piramide

FIGUUR 3.2 Informatiepiramide

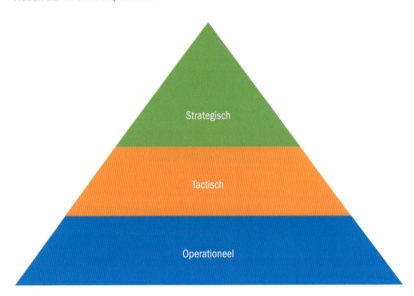

Je zult hier de typen besturende processen herkennen, zoals we in paragraaf 2.3. hebben leren kennen. We zullen nu de drie niveaus wat uitgebreider behandelen.

Strategische informatie

Strategische informatie is met name van belang voor de topleiding. Als je kijkt naar subparagraaf 3.1.1 gaat het hier om het sturen van de organisatie: het bepalen van de doelstellingen. Naast interne informatie is met name externe informatie van belang: wat doen de concurrenten, zijn er technologische ontwikkelingen, zijn er politiek-maatschappelijke ontwikkelingen (bijvoorbeeld duurzaamheid) die van belang zijn, enzovoort.

Tactische informatie

Tactische informatie is vooral gericht op het beheersen van de organisatie. Hier wordt de strategie vertaald naar doelstellingen (met name budgetten).

Operationele informatie

Operationele informatie, tot slot, is alle informatie die nodig is om de organisatie dagelijks te doen functioneren. Dit gaat om veel soorten informatie, afhankelijk van de medewerker waar het om gaat. In dit kader wordt ook wel gezegd dat de informatie voor de betreffende medewerker *relevant* moet zijn. We kunnen concluderen dat elke medewerker binnen een organisatie bepaalde informatie nodig heeft om te kunnen functioneren. We noemen dit

Informatie-behoefte

ook wel de informatiebehoefte die iemand heeft. Hierbij is het van belang op te merken dat dit veel verder gaat dan financiële informatie. Een belangrijk deel van de informatie zal geen financiële informatie betreffen, maar bijvoorbeeld informatie over aantallen (producten, medewerkers) of kwalitatieve informatie (klanttevredenheid, kwaliteit producten).

Omdat administratieve organisatie ervoor zorgt dat iedereen binnen de organisatie over de juiste informatie beschikt, zal het ook duidelijk zijn dat het vakgebied veel verder gaat dan de financiële administratie. Administratieve organisatie is overal.

Maar voordat we ons met de belangrijkste vraag (wat) gaan bezighouden, is het noodzakelijk dat we ons eerst richten op het aspect 'betrouwbaar'.

Want, het is niet alleen van belang *dat* medewerkers informatie hebben, maar de informatie moet ook goed zijn: oftewel de informatie moet betrouwbaar zijn.

TUSSENVRAAG 3.5

Noem een aantal risico's als Ronnie Janson niet over de juiste informatie beschikt.

Betrouwbaarheid bestaat uit:
1 juistheid
2 volledigheid
3 tijdigheid

Betrouwbaarheid

Het is belangrijk goed te begrijpen wat deze drie begrippen precies inhouden. Vandaar dat we daar nu op in gaan.

Ad 1 Juistheid

De eerste betrouwbaarheidseis is dat de informatie juist moet zijn. Simpel gezegd: wat er staat moet goed zijn. Dit geldt voor alle soorten informatie op alle niveaus. Wel is het zo dat het begrip juistheid voor de diverse niveaus in de organisatie verschillend ingevuld kan worden. Voor de directeur van de supermarktketen is een omzet van €250.000 voor filiaal Alkmaar 'juist', ook al is die in werkelijkheid €249.630. Met andere woorden, een marge van €370 is geen probleem. Dit zal anders liggen voor het tellen van kassa 7 in dezelfde supermarkt aan het eind van een drukke zaterdag. Een kasverschil van €370 kan niet door de beugel.

Juistheid

Ad 2 Volledigheid

Een tweede begrip is het aspect volledigheid. Dit is een lastiger begrip. Gaat het bij juistheid om de vraag: 'Is wat er staat juist?', bij volledigheid gaat het om 'Staat alles er wat er moet staan?' We zullen zien dat de vraag van de 'volledigheid van de omzet' een belangrijk aandachtspunt is binnen de administratieve organisatie. We bedoelen hiermee of alle verkopen in de administratie terechtkomen en dat er niets 'verdwijnt'.
In het voorbeeld van het hotel gaat het om de volledigheid van de verantwoorde kamerbezetting. Waar het bij de volledigheidsvraag om gaat, is of *alle* kamers die bezet waren, ook als zodanig gemeld worden. Met andere woorden, waren er geen kamers bezet die als onbezet worden verantwoord en waarvan, bijvoorbeeld, de receptionist de opbrengst in eigen zak steekt? Daarom is het hoofdkantoor ook zo geïnteresseerd in de volledigheid van de opgegeven kamerbezetting.

Volledigheid

Ad 3 Tijdigheid

Het laatste begrip dat van belang is in het kader van betrouwbaarheid is tijdigheid. Informatie kan juist en volledig zijn, maar als zij niet tijdig verstrekt wordt, heeft de gebruiker er niets aan.
In het voorbeeld was de informatie van de dubbele boeking van de bruidssuite misschien over een week wel bekend, maar dat was wel te laat.

Tijdigheid

Nu we hebben gezien waarom administratieve organisatie van belang is (besturen, beheersen, doen functioneren en verantwoording afleggen) en waarmee dit bereikt wordt (betrouwbare informatie), kunnen we ons gaan bezighouden met de vraag wat er dan moet gebeuren.

3.1.3 Wat doet administratieve organisatie

Tot nu toe hebben we ons beziggehouden met de vraag waar administratieve organisatie zich op richt (waarom) en wat daarin centraal staat (waarmee).

De laatste deelvraag is *wat* administratieve organisatie dan doet om dit te bereiken.
Vanuit het begrip administratieve organisatie en het voorgaande kunnen we dit als volgt formuleren:

> De organisatie en processen zodanig inrichten dat op een systematische wijze gegevens verzameld, vastgelegd en verwerkt worden.

Administratieve organisatie gaat over bedrijfsprocessen, zowel de primaire, besturende als ondersteunende processen. Administratieve organisatie kijkt op een specifieke manier naar de processen en wel gericht op het systematisch verzamelen, vastleggen en verwerken van gegevens.
Dit sluit aan bij de eerdere opmerking: 'administratieve organisatie is overal'. Het gaat niet alleen om 'de' administratie. Nee, het gaat erom hoe (bijvoorbeeld) een inkoopproces te organiseren (*wat* te doen?) zodat daar de juiste – betrouwbare – informatie uitkomt (*waarmee?*) om de organisatie te besturen, beheersen en doen functioneren (*waarom?*). Ook moet er informatie uitkomen om verantwoording af te leggen. Omdat de betrouwbaarheid zo'n belangrijke rol speelt, is binnen de administratieve organisatie veel aandacht voor interne controle om deze betrouwbaarheid te bereiken.

Door deze bril kijkt de administratieve organisatie naar de organisatie en de processen daarbinnen. Bij beide gaat het om de vraag: hoe in te richten?
Bij de organisatie zal het meer om de hoofdlijnen gaan (welke afdelingen zijn nodig, welke functies, welke richtlijnen, welke automatisering) en bij de processen meer om de details (welke processtappen, welke vastleggingen, welke controles).

Voordat we tot de afrondende definitie komen, moeten we nog even stilstaan bij het verschil tussen gegevens en informatie.
In de eerdere alinea's van dit hoofdstuk hebben we steeds gesproken over 'informatie', terwijl het nu gaat over gegevens. Het is van belang goed het onderscheid te onderkennen:
- Gegevens betreffen puur de vastlegging van iets.
- Informatie heeft betekenis voor de gebruiker.

Gegevens
Informatie

Informatie vloeit voort uit gegevens. Wat voor de ene persoon gegevens zijn, kan voor de andere informatie zijn.

VOORBEELD 3.1
Terwijl je in de tandartsstoel ligt, dicteert de tandarts allerlei (in jouw ogen) enge codes aan de assistente, die ze invoert in de computer. Voor de assistente (en zeker voor jou) zijn dit gegevens. De vastlegging van 'iets', maar zowel de assistente, als jij kunnen er niets mee. Als de tandarts na de controle een uitdraai krijgt, beschikt hij over informatie waarmee hij de behandeling kan bepalen. Zonder de gegevens had de tandarts deze informatie niet gekregen.

Administratieve organisatie gaat over de vraag hoe de organisatie en de processen ingericht moeten worden, zodat gegevens verzameld, vastgelegd en verwerkt worden, die leiden tot betrouwbare informatie. Bij de processen beschrijft de administratieve organisatie gedetailleerd wat gebeuren moet: wie doet wat waarmee? De volgende paragraaf begint met een klein gedeelte uit de beschrijving van het inkoopproces van een handelsbedrijf op deze manier. Op het niveau van de organisatie komen de organisatorische rand-voorwaarden aan de orde, bijvoorbeeld welke afdelingen moeten er zijn, hoe moet de automatisering geregeld zijn enzovoort.

Op basis van het voorgaande zijn we gekomen tot de gangbare definitie van administratieve organisatie:

Administratieve organisatie

> Administratieve organisatie is het systematisch verzamelen, vastleg-gen en verwerken van gegevens ten behoeve van het verstrekken van informatie ten behoeve van het besturen en doen functioneren van een organisatie en ten behoeve van de verantwoording die daar-over moet worden afgelegd.

Overigens wordt in de literatuur het begrip administratieve organisatie vaak vervangen door 'bestuurlijke informatievoorziening'. Hierbij wordt dan de-zelfde definitie gebruikt.

3.2 Interne controle

Zoals gezegd kijkt het vak administratieve organisatie vooral door de bril van interne controle naar de processen. Daarom gaan we in deze paragraaf ver-der in op het begrip interne controle.

3.2.1   Procesbeschrijving interne controle

VOORBEELD 3.2

Een deel van het inkoopproces van handelsonderneming A luidt: de assis-tent-inkoper mag bestellingen doen tot €5.000. Daarboven moet de inkoper bestellen en vanaf €25.000 moet de directeur goedkeuren. Alle inkopen worden vastgelegd in het geautomatiseerde systeem (datum, bestelde aan-tallen, prijs).

De goederenontvangst wordt gedaan door de magazijnmeester. Deze contro-leert de goederen met de bestelling en voert de ontvangen goederen in het systeem in. De administratie ontvangt de inkoopfacturen en boekt deze in het systeem in. Hierbij controleert het systeem de overeenkomst met de bestelling en ontvangstmelding.

Voorbeeld 3.2 is een (beperkt) voorbeeld van de beschrijving van de admi-nistratieve organisatie, zowel op het gebied van 'organisatie' als op het ge-bied van 'processen'.

Met betrekking tot de organisatie zie je een aantal afdelingen en functiona-rissen: assistent-inkoper, inkoper, directeur, magazijnmeester en adminis-tratie. Ook zie je een aantal spelregels: wie mag bestellen, wie mag de goede-ren ontvangen en inboeken en wie mag de factuur inboeken. Ook speelt het computersysteem een rol.

3

Daarnaast is het proces gedetailleerd beschreven, waarin deze elementen terugkomen en waarbij de beschrijving de processtappen logisch volgt. Dit is een manier om de administratieve organisatie vast te leggen. In paragraaf 3.4 komen andere methoden aan de orde. Maar eerst gaan we verder **Interne controle** met het begrip 'interne controle'.

In de procesbeschrijving is een aantal maatregelen van interne controle opgenomen:
- Er zijn richtlijnen voor wie wat mag bestellen.
- Goederenontvangst vindt plaats in het magazijn.
- Het systeem voert de controle uit tussen bestelling en ontvangst.
- Facturen worden ontvangen op de administratie.
- Het systeem voert controle uit tussen factuur, bestelling en ontvangst.

Dit is het kenmerk van (goede) interne controle: verweven in de processen. Om dit te kunnen plaatsen, staan we nu eerst stil bij het begrip controle en de verschillende vormen die daarvan zijn.

3.2.2 Controle

Controle Controle kan kernachtig worden gedefinieerd als: toetsen van de werkelijkheid aan een norm.

VOORBEELD 3.3

Een bekende vorm van controle is snelheidscontrole. De norm is 50 km per uur, de werkelijkheid 65 km per uur en het resultaat een bon.

Binnen organisaties zijn drie vormen van controle van belang:
1 zelfcontrole
2 interne controle
3 externe controle

Ad 1 Zelfcontrole
Zelfcontrole Zelfcontrole kennen we allemaal. Jij zal ook (mits er tijd voor is) je tentamen nog even controleren voordat je hem inlevert. Zo zullen ook medewerkers in organisaties hun eigen werk controleren.
Zelfcontrole kent een aantal nadelen. Het eerste nadeel is dat je geneigd bent 'over je eigen fouten heen te lezen'. Hierbij is de controle dus onopzettelijk fout: je ziet het gewoon niet. Een ander nadeel is dat mensen geneigd kunnen zijn hun eigen fouten niet toe te geven, bijvoorbeeld omdat ze bang zijn 'bestraft' te worden. In dit geval is de controle opzettelijk fout: je ziet het wel, maar je meldt het niet.

Ad 2 Interne controle
Interne controle Interne controle is controle 'door of namens de leiding'. Sommige (grote) organisaties hebben eigen interne controleafdelingen. Als deze accountantswerkzaamheden uitvoeren, zijn het zelfs interne accountantsdiensten. Dit soort afdelingen vinden we vooral bij grote 'administratiefabrieken', zoals banken en verzekeraars.
Zoals uit voorbeeld 3.2 bleek, zal ook zonder een dergelijke afdeling sprake zijn van interne controle. Dan zijn de processen en organisatie zo ingericht

dat daarbinnen (misschien niet altijd bewust) controlehandelingen worden uitgevoerd. Of er zijn vooraf normen opgesteld. In het voorbeeld zijn dit:
- De spelregels over wie inkoopt zijn normen.
- De bestelling is de norm voor de goederenontvangst en de factuur.
- De toetsing van de ontvangst aan de bestelling is controle.
- De toetsing van de factuur aan de ontvangst en bestelling is controle.

De procesbeschrijving was lang niet volledig: de norm wie mag inkopen moet in de organisatie 'verankerd' worden. Hiermee bedoelen we dat je 'automatisch tegen de norm aanloopt'. Dit kan preventief (vooraf: bijvoorbeeld het computersysteem staat niet toe dat de assistent-inkoper met zijn inlognaam bestellingen boven de €5.000 doet) dan wel repressief (achteraf: de administratie controleert achteraf op basis van de bestelling of de assistent-inkoper binnen de bevoegdheden gebleven is).
Terug naar ons voorbeeld van de snelheid: een snelheidsbegrenzer op de auto is preventief, op elke weg fotocamera's is repressief.
Hierbij geldt overigens dat preventief de voorkeur geniet: voorkomen is beter dan genezen.

Het vakgebied administratieve organisatie houdt zich vooral bezig met de vraag welke maatregelen van interne controle je in de organisatie en processen moet inbouwen om de doelstellingen te bereiken.

Ad 3 Externe controle
Organisaties kennen ook een externe controle. Een bekend voorbeeld hiervan is de accountantscontrole: de externe accountant controleert elk jaar de jaarrekening. Maar ook de Belastingdienst controleert bedrijven. Daarnaast zijn er andere externe controle-instanties (arbodienst, milieudienst, arbeidsinspectie enzovoort). Externe controle valt buiten het kader van dit boek.

Externe controle

3.2.3   Functiescheiding
Een belangrijk begrip binnen de interne controle is 'functiescheiding'. Hiermee wordt bedoeld dat de organisatie en processen zo worden ingericht dat bij handelingen en transacties (bijvoorbeeld inkoop) verschillende medewerkers betrokken zijn. In voorbeeld 3.2 zijn bij de inkooptransacties minimaal drie medewerkers betrokken: de (assistent-)inkoper, de magazijnmeester en de administrateur.
Deze functionarissen mogen alle drie een deel van het proces doen, zie tabel 3.1.

Functiescheiding

TABEL 3.1 Toepassing functiescheiding in voorbeeld 3.2

	Bestellen	Ontvangen	Factuur boeken
Inkoper	v		
Magazijnmeester		v	
Administratie			v

Stel dat de inkoper 'verkeerd wil' en meer goederen bestelt, waarvan hij er een aantal thuis laat afleveren voor een 'eigen handeltje' (hij bestelt er tien en laat er twee thuis afleveren), dan zal de magazijnmeester acht goederen inboeken. Immers, als hij er tien inboekt en maar acht ontvangt, heeft hij een voorraadverschil. Als de leverancier de factuur met tien verstuurt zal de administratie deze niet betalen: er zijn er maar acht ontvangen.

Hieruit blijkt dat er 'automatisch' controles in het proces zitten omdat de diverse medewerkers *tegengestelde belangen* hebben. Stel dat er geen functiescheiding was, we spreken dan van functievermenging, dan zou de inkoper ook verantwoordelijk zijn voor het magazijn en voor de administratie. Dan zou hij de verschillen niet melden en vervolgens creatief wegboeken.

Tegengestelde belangen

Functie-vermenging

Daarom is een belangrijke maatregel van interne controle de scheiding tussen de:

Beschikkende functie

- *Beschikkende functie.* Deze mag beslissingen nemen die de organisatie binden, maar mag verder niets met de betreffende goederen doen; in het voorbeeld de inkoper.

Bewarende functie

- *Bewarende functie.* Deze bewaart waarden van de organisatie (goederen, geld, maar ook andere activa en passiva), maar mag er verder niets mee zonder een signaal van de beschikkende functie; in het voorbeeld de magazijnmeester.

Registrerende/ controlerende functie

- *Registrerende/controlerende functie.* Deze mag alleen maar signalen van de beschikkende en bewarende functie in de administratie verwerken en deze controleren; in het voorbeeld de administratie.

Zoals eerder is vermeld, zijn in een goede administratieve organisatie deze functies gescheiden. Anders is sprake van functievermenging. Wel zal hierbij altijd een kosten-nutafweging moeten worden gemaakt.

Functiescheiding kost geld. Daarnaast moet je bedenken dat een functiescheiding nooit helemaal waterdicht kan zijn, al was het maar omdat medewerkers kunnen 'samenspannen' om zo de controle te doorbreken. Als in het voorbeeld de inkoper en magazijnmeester 'onder één hoedje zouden spelen', gaat het alsnog mis. Tot slot maken we de opmerking dat de functiescheiding door moet werken in het geautomatiseerde systeem. Als de inkoper in het voorbeeld via het geautomatiseerde systeem zowel de voorraadadministratie als de financiële administratie kan wijzigen, is functiescheiding zinloos. Door middel van bevoegdheden, gekoppeld aan user-ID's (inlognaam) en passwords, kan dit worden voorkomen. Vandaar dat in de administratieve organisatie het geautomatiseerde systeem ook een belangrijke rol speelt.

⬤3.3 Beheersing van processen, management control

In het volgende citaat zie je een aantal 'moderne' termen die allemaal raakvlakken hebben met administratieve organisatie.

> 'Aan de bar van een bekend grand café in Amsterdam viel onlangs in een gesprek tussen twee consultants te horen: 'Ik ben bezig met de management control volgens COSO bij een grote brouwerij. Lastige klus, moet een balanced scorecard in en het moet ook nog SOx-compliant zijn allemaal.'

In deze paragraaf gaan we kort in op een aantal van deze begrippen, waarbij we steeds de relatie met administratieve organisatie zullen aangeven.

3.3.1   Management control

Control gaat veel verder dan controle. Control is breder en valt (letterlijk) te vertalen als 'beheersing'. Het systeem van management control valt sterk vereenvoudigd te definiëren als 'het proces om de bedrijfsactiviteiten te beheersen'. Hierbij gaat het om het bereiken van de doelstellingen van de onderneming. Het systeem van management control kan sterk vereenvoudigd worden weergegeven als in figuur 3.3.

Control

Management control

FIGUUR 3.3 Management control

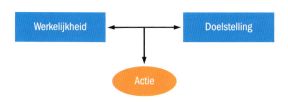

Vooraf bepaalt de onderneming de doelstellingen die zij wil bereiken (bijvoorbeeld in de vorm van een budget); vervolgens meet zij de werkelijkheid en deze wordt tegenover de doelstellingen gezet en afhankelijk van de uitkomst wordt er actie ondernomen.

Als we het begrip management control afzetten tegen de definitie van administratieve organisatie, blijkt er een overeenkomst te zijn met 'de informatie ten behoeve van het besturen en doen functioneren'. Zoals in paragraaf 3.1 is besproken, is het de taak van de administratieve organisatie ervoor te zorgen dat uit de bedrijfsprocessen betrouwbare informatie komt om dit mogelijk te maken. Met andere woorden, een goede administratieve organisatie is ondersteunend maar ook voorwaarde voor een goede management control.

3.3.2   Balanced scorecard

In het begrip management control staat het afzetten van de werkelijke prestaties tegenover de normen centraal. Hierbij gaat het niet alleen om financiele informatie maar ook om andersoortige informatie. Dit is verder uitgewerkt in de balanced scorecard. In de balanced scorecard worden die zaken gerapporteerd die 'kritische succesfactoren' zijn voor de organisatie om de doelen te behalen. Vanuit de kritische succesfactoren worden prestatie-indicatoren bepaald.

Balanced scorecard

Kritische succesfactoren

In voorbeeld 3.3: de kritische succesfactor is 'doel bereiken zonder bon' en een van de prestatie-indicatoren is daarom 'houden aan maximumsnelheid'. De balanced scorecard formuleert per prestatie-indicator een norm (50 km per uur in de stad) en zet daar de werkelijkheid (65 km per uur) tegenover. Dit gebeurt vanuit vier zogenaamde 'perspectieven':
1 financieel perspectief (financiën)
2 klantenperspectief (klanten)
3 intern perspectief (efficiency)
4 innovatieperspectief (vernieuwing)

Bij het invullen van de balanced scorecard gaat het erom de prestatie-indicatoren zo te definiëren dat er een samenhang is tussen de vier perspectieven. We geven een voorbeeld:

- Een innovatie leidt tot betere interne processen.
- Dit heeft meer tevreden klanten tot gevolg.
- Dit leidt tot meer omzet en winst.

De relatie tussen administratieve organisatie en de balanced scorecard is ook weer gelegen in de rol van informatie. De balanced scorecard bevat (kritische) informatie die noodzakelijk is om de onderneming te besturen. Het is de taak van de administratieve organisatie ervoor te zorgen dat deze informatie (betrouwbaar) beschikbaar is.

In tabel 3.2 is een aantal voorbeelden opgenomen van prestatie-indicatoren die in een balanced scorecard kunnen worden opgenomen.

TABEL 3.2 Voorbeeld van te gebruiken prestatie-indicatoren

Perspectief	Prestatie-indicatoren	Omschrijving
Klantenperspectief	Leverbetrouwbaarheid	Aantal leveringen binnen afgesproken termijn
	Levertijd	Gemiddelde tijd tussen plaatsing opdracht en aflevering producten
Interne processen perspectief	Doorlooptijd	De tijd die een order nodig heeft om van activiteit A naar activiteit B te komen
	Aantal overdrachten	Aantal momenten dat de order overgedragen moet worden aan een andere medewerker
	Formatieomvang	Aantal fte's (= Fulltime Equivalenten of volle banen) medewerkers
Leer- en groeiperspectief	Innovatiebudget	Bedrag dat wordt besteed aan innovaties
Financieel perspectief	Omzet per medewerker	Totaal behaalde omzet ÷ aantal fte-medewerkers
	Solvabiliteit	Eigen vermogen ÷ totale vermogen

3.4 Tax control framework

Tot nu toe hebben we gezien dat het vooral het bedrijf zelf is, waarvoor een goede control en daarmee een goede administratieve organisatie van belang is. De laatste jaren is er een ontwikkeling gaande waarbij we zien dat ook de Belastingdienst naar de control bij belastingplichtige bedrijven kijkt. Ze doet dit in het kader van horizontaal toezicht. We zullen dit kort toelichten.

Horizontaal toezicht

Bedrijven dienen aangiftes in op grond waarvan ze belasting betalen. Dit geldt voor de loonheffing, de omzetbelasting, maar ook voor de winstbelasting (inkomstenbelasting of vennootschapsbelasting). Je zou kunnen zeggen dat bedrijven hiermee verantwoording afleggen aan de Belastingdienst. Maar wel een verantwoording die direct tot betalen van belasting leidt. Van oudsher voert de Belastingdienst achteraf controles uit. Bij een boekenonderzoek komen controleurs van de fiscus controleren of het bedrijf de belastingregels netjes heeft toegepast en of het alles heeft aangegeven wat het

Boeken-onderzoek

moest aangeven. Dit is een dure, ineffectieve (achteraf) vorm van controle, waarbij een bedrijf nogal eens voor onaangename verassingen kan komen te staan. De controle gaat over vijf jaar terug en een eventuele naheffing kan met boete en rente tot grote bedragen oplopen. Vandaar dat bedrijven en fiscus behoefte hebben gekregen aan een andere methodiek. Dit is het eerder genoemde horizontaal toezicht.

De website van de Belastingdienst vermeldt het volgende:

● www.belastingdienst.nl

Horizontaal toezicht is voor ons de voorkeursstrategie bij grote ondernemingen. Wij sluiten individuele convenanten horizontaal toezicht met grote ondernemingen. De convenanten zijn gebaseerd op transparantie, begrip en wederzijds vertrouwen. Daarbij is het uitgangspunt dat er voldoende aandacht is voor de fiscale beheersing binnen de onderneming (tax control framework).

Zoals je ziet sluit de Belastingdienst een convenant af met een bedrijf, gebaseerd op een samenwerkingsrelatie waarin wederzijds vertrouwen belangrijk is. Dit kan alleen als de fiscale beheersing op orde is, het zogenoemd tax control framework . En dan zijn we weer bij administratieve organisatie en interne controle. Het proces van transactie tot aangifte moet zodanig zijn ingericht dat de kans op fouten minimaal is. In dat geval kunnen bedrijf en fiscus erop vertrouwen dat de aangiften juist zijn en is er minder controle achteraf nodig.

Convenant

Tax control framework

Van transactie tot aangifte

⬤ 3.5 Methoden en technieken van administratieve organisatie

In de vorige paragrafen hebben we ons beziggehouden met de inhoud van de begrippen administratieve organisatie en interne controle. Ook heb je kennisgemaakt met een aantal begrippen die daarmee raakvlakken hebben. In deze paragraaf komen de methoden en technieken aan de orde om een (goede) administratieve organisatie te ontwikkelen en vast te leggen. Voordat we ingaan op de methoden en technieken is het van belang stil te staan bij de vraag op welk 'niveau' de vastleggingen moeten plaatsvinden.

Het inleidende voorbeeld van paragraaf 3.2 houdt het midden tussen 'hoofdlijnen' en 'handelingsniveau'. Naar aanleiding van deze twee varianten zou (een deel van) het proces als volgt kunnen luiden:
- *Hoofdlijnen.* Afdeling Inkoop koopt in; Magazijn ontvangt goederen en Administratie verwerkt factuur.
- *Handelingsniveau (alleen factuurontvangst).* Uit de binnenkomende post worden facturen gehaald, op elke factuur komt rechts onderin een stempel met daarin de datum van binnenkomst, roep in het systeem de ontvangst op, noteer de ontvangen hoeveelheid in het stempel enzovoort.

Op welk niveau de beschrijving van de administratieve organisatie plaatsvindt, hangt af van de doelstelling. De methode 'hoofdlijnen' geeft kort aan wat de verantwoordelijkheden van de afdelingen zijn. De methode 'handelingsniveau' heeft meer het karakter van werkinstructies en zal nuttig zijn voor het inwerken van een nieuwe medewerker op de administratie.

Voor het doel van een goed inzicht in de administratieve organisatie en de daarin opgenomen maatregelen van interne controle, is het niveau van voorbeeld 3.2 het meest geschikt: hieruit blijkt wie wat doet, waarmee en welke gegevens worden vastgelegd in het systeem. Op deze wijze kun je ook goed inzicht krijgen in de maatregelen van interne controle.

Dan richten we ons nu op de methoden en technieken. Hierbij zijn twee hoofdvarianten mogelijk: beschrijvingen dan wel schema's. Veel bedrijven hebben een 'handboek AO' waarin beide varianten voorkomen. Dit ook vanwege het feit dat het een persoonlijke voorkeur van mensen is welke methode zij het liefst hanteren; de ene persoon heeft liever een beschrijving, de andere een schemavorm. Wel kun je in zijn algemeenheid zeggen dat schema's tot een logische opzet dwingen. Zeker bij ingewikkelde processen hebben beschrijvingen het risico in zich dat je 'door de bomen het bos niet meer ziet'. Hierdoor kun je nog weleens vastlopen.

In de opleidingen waarin administratieve organisatie van belang is (met name accountancy en bedrijfseconomie) worden in tentamens veelal procesbeschrijvingen gevraagd ofwel stellen ze de vraag 'beschrijf de administratieve organisatie'.

3.5.1   AO-beschrijvingen

De eerste methode van het vastleggen van de administratieve organisatie is in paragraaf 3.2 gehanteerd, namelijk de beschrijving. Hierin wordt verbaal het proces beschreven. Deze procesbeschrijving is een zogenoemde detailbeschrijving. Hierin staan, voor de beschrijving van de administratieve organisatie, op een voldoende detailniveau de stappen beschreven.
Deze stappen zullen vooraf worden gegaan door een overzicht waarin staat aangegeven welke processen in het bedrijf aan de orde zijn. Gebaseerd op het voorbeeld van paragraaf 3.2 voor een handelsonderneming hebben we dit weergegeven in tabel 3.3.

TABEL 3.3 Hoofd- en subprocessen in een handelsonderneming

Hoofdprocessen	Inkoop	Opslag	Verkoop
Subprocessen	Leveranciersselectie	Ontvangst	Orderverkrijging
	Contract	Bewaring	Orderacceptatie
	Bestelling	Controle	Verzending
	Ontvangst	Afgifte	Facturering
	Factuur Betaling		Incasso

Vervolgens gaan we deze (sub)processen op het detailniveau beschrijven zoals in voorbeeld 3.2 gehanteerd is. Daar zijn de fasen 'bestelling – ontvangst – factuur' gecombineerd.

3.5.2 Processschema's

Een tweede variant is een schematechniek. Hierin geven we door middel van symbolen het proces weer in een stroomschemaof flowchart. Hiervoor bestaan diverse tekentechnieken en er zijn ook verschillende softwarepakketten op de markt die het tekenen van een proces ondersteunen. Ook is er software die het mogelijk maakt analyses op de processen toe te passen.

Stroomschema
Flowchart

In deze subparagraaf staan we eerst stil bij een systematische aanpak voor het beschrijven van de administratieve organisatie. Een systematische aanpak van het beschrijven van een proces begint met het onderverdelen van het betreffende proces in processtappen. Hierdoor ontstaat inzicht in de structuur van het totale proces. Voor het inkoopproces is het zogenoemde globaal processchema weergegeven in figuur 3.4.

Globaal
processchema

3

FIGUUR 3.4 Globaal processchema inkoop

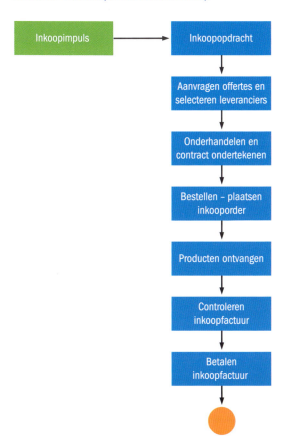

In figuur 3.4 zie je duidelijk de verschillende stappen waaruit het inkoopproces bestaat. Wat je echter niet ziet, zijn de volgende punten die wel van groot belang zijn voor het inrichten van een administratieve organisatie:
- Wie doet een bepaalde stap?
- Welke activiteit houdt elke stap in?
- Wat wordt vastgelegd?

Om deze punten duidelijk te maken, zijn verschillende methodieken in omloop. Eén hiervan is een zogenoemde flowchart of stroomschema. Hierin
worden de diverse stappen die in figuur 3.4 zijn vermeld verder gespecificeerd naar deze drie elementen. Daarbij worden de diverse onderdelen door
middel van verschillende symbolen weergegeven. Vroeger gebeurde dit met
de hand, tegenwoordig zijn er softwaretools om dit te mee uit te voeren. Dit
kan variëren van een eenvoudig tekenpakket (Microsoft Visio is hier een
voorbeeld van) tot specialistische pakketten waarin ook de nodige analyse-
tools zijn opgenomen. Maar binnen een dergelijk schema blijft het moeilijk
alle aspecten weer te geven zonder dat het onoverzichtelijk wordt. Met name
het aspect functiescheiding is moeilijk zichtbaar te maken, terwijl dit nu
juist binnen de administratieve organisatie erg belangrijk is. Dit probleem
wordt opgelost binnen de methode van de zogenoemde swimlanes.

3.5.3 Swimlane

Swimlane

In figuur 3.5 zie je hetzelfde inkoopproces weergegeven in de vorm van een
swimlane. In feite is de swimlane een weergave van een proces waarin de
activiteiten van de verschillende afdelingen/functionarissen in verschillende kolommen (swimlanes) zichtbaar zijn. Hiermee kan direct geconstateerd
worden of er sprake is van goede functiescheiding. Dit maakt het ook een
stuk overzichtelijker, zoals blijkt in figuur 3.5.

FIGUUR 3.5 Inkoopproces met swimlanes

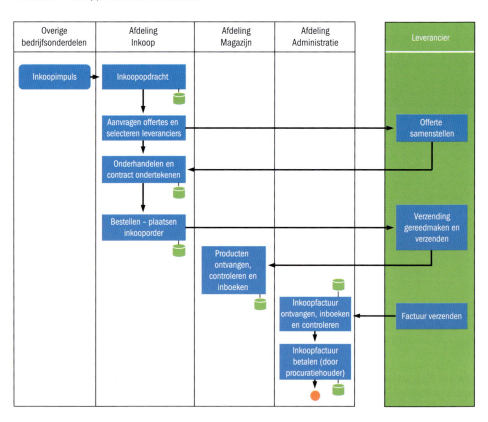

De kracht van sommige eerdergenoemde softwarepakketten is dat er analy-setools in zijn opgenomen die bijvoorbeeld nagaan of er sprake is van onge-wenste functievermengingen.

3.5.4   Autorisatietabel

Het gevolg van functiescheiding is dat verschillende medewerkers verschil-lende bevoegdheden hebben. In een autorisatietabel worden deze bevoegd-heden (ook wel autorisaties genoemd) vastgelegd. Het voordeel van een der-gelijke tabel is dat deze bevoegdheden daardoor ingericht kunnen worden in het geautomatiseerde systeem. Bijvoorbeeld, een afdelingshoofd mag tot €10.000 bestellen.

Als het systeem zo is ingericht dat de combinatie van zijn user-ID (inlog-naam) en password dit niet mogelijk maakt, is dit opgenomen in het geauto-matiseerde systeem. Tabel 3.4 laat een autorisatietabel van het proces uit pa-ragraaf 3.2. zien.

TABEL 3.4 Autorisatietabel bestelproces

Functie	Bestellingen < €5.000	Bestellingen €5.000 tot < €25.000	Bestellingen > €25.000	Ontvangst boeken	Factuur boeken
Inkoper	I	I	I	R	R
Assistent-inkoper	I	R	R	R	R
Directeur	R	R	A	R	R
Magazijn	R	R	R	I	X
Administratie	R	R	R	R	I

A = Autoriseren (goedkeuren), I = Invoeren, R = Raadplegen, X = Geen bevoegdheden

Samenvatting

Centraal in administratieve organisatie staat betrouwbare informatie om de organisatie te besturen, te beheersen, te laten functioneren en om verant-woording te kunnen afleggen, zowel intern als extern.
We zijn ingegaan op het verschil tussen data (gegevens) en informatie en op de verschillende soorten informatie: strategisch, tactisch en operationeel. Ook hebben we aandacht besteed aan wat het begrip 'betrouwbaar' in-houdt. Hierbij zijn de aspecten juistheid, volledigheid en tijdigheid aan de orde gekomen.
Om deze betrouwbaarheid te bereiken is een stelsel van interne controle no-dig. We hebben gezien dat interne controle in de hele organisatie aanwezig moet zijn, om ervoor te zorgen dat de informatie betrouwbaar is. Je hebt in dit kader het begrip functiescheiding leren kennen. Dit is misschien wel de belangrijkste maatregel van interne controle. Door verschillende mensen in het bedrijf bij een handeling of transactie (bijvoorbeeld inkoop- of verkoop-transactie) te betrekken, controleren zij elkaar 'automatisch'. Dit geldt zeker als deze mensen een tegengesteld belang hebben, zoals bij functiescheiding de bedoeling is. Hierbij zijn de begrippen beschikkende, bewarende en re-gistrerende/controlerende functie belangrijk.

Ook zijn we kort ingegaan op een aantal moderne ontwikkelingen die weer een impuls aan het vakgebied administratieve organisatie hebben gegeven. De rode draad hierin is de aandacht die er, mede door een aantal boekhoudschandalen, gekomen is voor het begrip 'control' (beheersing). Begrippen als management control en de balanced scorecard zijn hierbij aan de orde gekomen. Ook hebben we gezien dat de Belastingdienst in het kader van Horizontaal Toezicht steunt op de administratieve organisatie.

Tot slot heb je een aantal technieken gezien om de administratieve organisatie mee te ontwerpen en vast te leggen. Belangrijke begrippen hierbij zijn AO-beschrijvingen, processchema's en swimlanes.

3

Vraagstukken

V3.1   Binnen organisaties is informatie van groot belang. Een van de eisen die aan informatie gesteld wordt, is dat deze aansluit op de strategie van de organisatie.

Een instrument om dit vorm te geven is de balanced scorecard.
Geef de balanced scorecard van luchtvaartmaatschappijen A en B.
Kenmerken van deze twee maatschappijen zijn:
A: Luxemaatschappij, gericht op de zakelijke reiziger.
B: Prijsvechter, gericht op de consumentenmarkt.

V3.2   Paragraaf 3.2 begint met een korte beschrijving van de administratieve organisatie van een inkoopproces. Maak zelf een vergelijkbare beschrijving voor het verkoopproces, waarbij het erom gaat: wie doet wat? Denk hierbij goed aan interne controle. In de beschrijving moeten aan de orde komen:
• orderverkrijging
• orderacceptatie
• levering goederen
• facturering
• registratie van de vordering
• incasso

V3.3   Maak van de door jou bij vraagstuk 3.2 gemaakte beschrijving een:
a globaal processchema
b swimlane

4

Principes van administratieve organisatie

In de vorige hoofdstukken zijn we ingegaan op de drie onderdelen van het PBI-model: proces, beheersing en informatie.
In hoofdstuk 3, bij de processen, hebben we al kennisgemaakt met het vakgebied administratieve organisatie. Het is tijd om ons nu verder te gaan verdiepen in dit vak. In dit hoofdstuk gaan we ons bezighouden met de principes van administratieve organisatie.
Eerst kijken we uit welke elementen het bouwwerk administratieve organisatie bestaat. Net als wanneer je een huis gaat bouwen, zul je eerst een tekening moeten hebben met het totaaloverzicht van wat er moet komen en waaruit dat bestaat. We zullen zien dat de wijze waarop we de administratieve organisatie gaan ontwikkelen een paar vaste elementen in zich heeft, maar dat er ook veel afhankelijk is van het soort organisatie waar we hct over hebben en daarbinnen zelfs van de individuele organisatie.
Met andere woorden: de administratieve organisatie is van geen twee bedrijven exact hetzelfde. Dit maakt het ook zo'n leuk vak; je kunt je eigen creativiteit kwijt, maar natuurlijk wel binnen bepaalde 'spelregels'. Om in de vergelijking met het huis te blijven: het dak moet wel bovenop zitten en de fundering onder, maar de wijze hoe je deze construeert bepaal je zelf, mits de fundering stevig en het dak waterdicht is.

Ronnie de 'AO-specialist'

In hoofdstuk 3 hebben we kennisgemaakt met Ronnie Janson. We zijn nu drie jaar later; hij is de uitdaging aangegaan van het hotel een goed geoliede machine te maken. Hij heeft hierbij veel hulp gehad van zijn vriend Pierre, die als bedrijfseconoom is afgestudeerd aan het hbo, op het afstudeeronderwerp administratieve organisatie. Een aantal van de maatregelen die Ronnie genomen heeft zijn:

- Hij heeft een begroting opgesteld voor het hotel voor het komende jaar; hierbij heeft hij alle kosten en opbrengsten (uitgaande van de verwachte kamerbezetting) op een rijtje gezet. Hij heeft hieruit de kostprijs voor een kamer berekend. Hierbij heeft hij voor zichzelf een nieuwe hobby ontdekt: spreadsheets. Hij kan mooie berekeningen maken van wat het effect is van bepaalde ontwikkelingen, bijvoorbeeld meer of minder bezetting, wel of geen korting enzovoort.
- Hij heeft met de medewerkers afspraken gemaakt wie wat doet: zo is steeds één receptioniste verantwoordelijk voor de reserveringen. Zijn adviseur Pierre vond dat deze collega niet met klanten mocht afrekenen vanwege 'functiescheiding'. Dit vond Ronnie echter te ver gaan: dat is niet klantvriendelijk.
- Hij heeft procesafspraken gemaakt. Bijvoorbeeld: aan het eind van de dag wil Ronnie van de 'medewerker reserveringen' weten welke kamers geboekt zijn en welke leeg blijven. De volgende ochtend wil hij van de schoonmaakdienst weten welke kamers schoongemaakt moesten worden. Deze gegevens vergelijkt hij met elkaar.

Ronnie ziet tot zijn plezier dat het hotel goed gaat lopen en na een half jaartje begint hij zich een beetje te vervelen. Dan spreekt hij in de kroeg zijn oud-studievriend Rick, die een aantal jaren geleden een groothandel in computergames en bijbehorende consoles, controllers enzovoort is begonnen. Hij is hiermee gestart door op zijn zolderkamertje het internet af te struinen op zoek naar ongewone spellen. Hij heeft gemerkt dat, naast de grote gameproducenten, er over de hele wereld interessante dingen ontwikkeld worden. Hij heeft een aantal van deze ontwikkelaars benaderd met het verzoek deze spellen binnen de Benelux te mogen distribueren. Inmiddels heeft hij contracten met ongeveer honderd ontwikkelaars en is zijn onderneming 'Game-World' snel gegroeid. Hij heeft tien man in dienst. Hij levert rechtstreeks aan de consument die de spellen kan downloaden. De bijbehorende hardware verstuurt hij vanuit zijn magazijn in Almere. Maar het groeit hem boven het hoofd: klanten klagen dat ze de verkeerde spullen krijgen, ontwikkelaars moeten te lang op hun geld wachten en wat nog het vervelendste is, hij heeft het gevoel dat er binnen zijn bedrijf gesjoemeld wordt. Volgens hem spelen twee medewerkers met een aantal klanten onder één hoedje en steken ze opbrengsten in eigen zak.

Ronnie vertelt hem van de chaos die hij bij binnenkomst in zijn hotel aantrof en de wijze waarop hij dat heeft aangepakt. Aan het eind van de avond vraagt Rick of Ronnie ook bij hem orde op zaken wil stellen. Het lijkt Ronnie een interessant idee, maar hij besluit eerst met Pierre te gaan praten. Want een spelletjeshandel is niet te vergelijken met een hotel.

●4.1 Bouwstenen van de administratieve organisatie

In deze paragraaf gaan we na uit welke onderdelen een administratieve organisatie bestaat.

Uit de openingscasus kunnen we een aantal lessen leren over administratieve organisatie. De eerste les is dat de administratieve organisatie afhangt van het type bedrijf. Inderdaad, een hotel is geen gameshandel en dus zal de administratieve organisatie anders zijn. Daarom worden bedrijven wel ingedeeld binnen een 'typologie'-model. Vanuit dit model kan vervolgens bepaald worden **Typologie** wat binnen de administratieve organisatie van dat type bedrijf centraal staat. Dit wil niet zeggen dat de administratieve organisatie van alle hotels hetzelf- **Attentiepunten** de zal zijn. Dit hangt af van de specifieke omstandigheden van het hotel. Zaken waar je hierbij aan moet denken, zijn de grootte van het hotel (de AO van een kleine bed and breakfast zal anders zijn dan van het Hilton-hotel met 1.000 kamers) en de specifieke omstandigheden waarmee het hotel te maken heeft. Hierbij doelen we op zaken die om een antwoord in de administratieve organisatie vragen om ze te kunnen beheersen. Als alle kamers van het Hilton elke nacht €250 kosten, is de administratieve organisatie makkelijker dan in de situatie waarin er verschillende prijzen zijn, omdat er verschillende type kamers zijn, maar bijvoorbeeld ook als vaste klanten of groepen korting krijgen. Ook kan de kamerprijs in het weekend anders (vaak lager, omdat er dan minder zakenmensen zijn) zijn dan door de week. Hierdoor wordt de kans groter dat er een verkeerde prijs berekend wordt. Een goede administratieve organisatie moet dit voorkomen.

Wel kunnen we zeggen dat de gebieden waarop de administratieve organisatie zich richt, voor alle bedrijven ongeveer hetzelfde zijn. In het hotel heeft Ronnie maatregelen genomen op het gebied van begroting, organisatie en processen. Dit komt bij alle bedrijven terug. Ook is het zo dat het begrip 'interne controle' waar we in hoofdstuk 3 mee hebben kennisgemaakt, centraal staat in de administratieve organisatie. Dat is de bril waardoor we (met name) naar de organisatie en de processen kijken.

TUSSENVRAAG 4.1
Bij het hotel heeft Ronnie uit de begroting de kostprijs per kamer berekend. Hoe zit dit bij het bedrijf van Rick?

In figuur 4.1 zijn de elementen van de administratieve organisatie weergegeven.

FIGUUR 4.1 Elementen van een administratieve organisatie

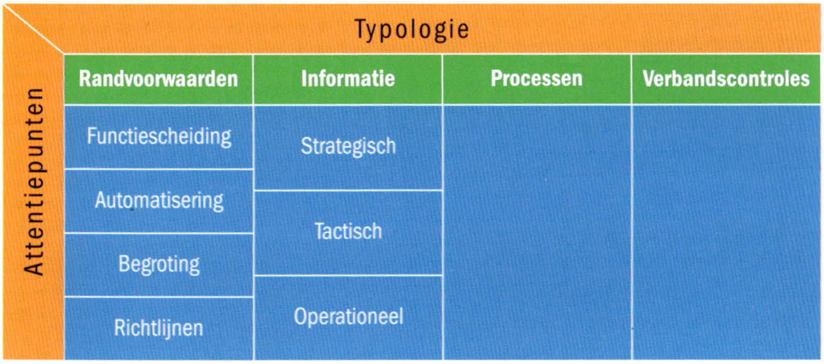

De buitenste randen zijn organisatiespecifiek: een bedrijf of instelling be-
hoort tot een bepaalde typologie en elk bedrijf kent zijn eigen attentiepunten.
Daarbinnen vinden we de elementen die aan de orde komen in een administratieve organisatie. Hierbij kijken we eerst naar welke randvoorwaarden
vervuld moeten worden. Deze bevinden zich op het gebied van organisatie
(functiescheiding), automatisering, begroting en richtlijnen (de 'spelregels').
Deze elementen komen in de administratieve organisatie van elke organisatie aan de orde. Hoe die elementen ingevuld moeten worden, is afhankelijk
van de typologie en de specifieke attentiepunten. Dit geldt ook voor de informatie die de mensen in de organisatie willen hebben: een hoteldirecteur zal
de kamerbezetting willen weten, een directeur van een handelsbedrijf wil
weten wat de omzet per artikelgroep is.

Na de randvoorwaarden te hebben bepaald en duidelijk is welke informatie
nodig is, is de volgende stap het procesontwerp. Hierbij gaat het erom 'wie
doet wat waarmee en welke administratieve vastleggingen volgen daar uit?'
In het 'wie' vinden we het element functiescheiding terug. Als laatste zijn we
geïnteresseerd in de zogenoemde verbanden, ook wel verbandcontroles genoemd. Hierbij gaat het vooral om de 'volledigheid van de omzet', waar we
in hoofdstuk 3 al mee hebben kennisgemaakt.

We gaan het nu eerst hebben over de 'binnenkant' van figuur 4.1.

4.2 Randvoorwaarden

Figuur 4.2 geeft de verschillende onderdelen weer waaruit het element randvoorwaarden van een administratieve organisatie bestaat.

4.2.1 Organisatie

Onder de randvoorwaarden besteden we ten eerste aandacht aan de organisatie. Het centrale begrip hierbij is functiescheiding.

Functiescheiding

FIGUUR 4.2 Randvoorwaarden

In hoofdstuk 3 hebben we gezien dat er drie essentiële functies zijn binnen
een bedrijf: beschikken, bewaren en registreren/controleren. In figuur 4.3
zijn deze functies weergegeven, waarbij een nieuwe functie is toegevoegd:
uitvoeren.

FIGUUR 4.3 De vijf functies voor functiescheiding

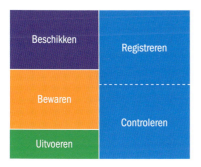

Binnen administratieve organisatie zijn de beschikkende en bewarende functies van groter belang dan de uitvoerende. Vandaar dat deze laatste een relatief klein 'vakje' is. Zoals in hoofdstuk 3 is vermeld, is 'beschikken' het mogen beslissen over zaken van de onderneming, bijvoorbeeld inkoop, verkoop, betaling.

TUSSENVRAAG 4.2
Welke beschikkende functie heeft Ronnie in het hotel gecreëerd?

'Bewaren' betekent dat een medewerker activa (en passiva) bewaart, maar hij mag er niet zelf over beslissen. De bekendste voorbeelden zijn de magazijnmeester en de kassier, maar ook de debiteurenadministratie en de crediteurenadministratie zijn bewarende functies (zij 'bewaren' de vorderingen en schulden).
De 'uitvoerende' functie is meestal uit oogpunt van functiescheiding niet zo belangrijk, omdat deze functie een activiteit 'uitvoert' in opdracht van een andere medewerker.

VOORBEELD 4.1
Een medewerker magazijn doet aan 'order-picking'. Dit is in opdracht van de magazijnchef die, zoals we gezien hebben, een bewarende functie heeft.

TUSSENVRAAG 4.3
Komt de uiteindelijke opdracht van 'order-picking' ook van de magazijnchef?

De uitvoerende functies doen het uitvoerende werk binnen een organisatie dat nu eenmaal moet gebeuren. Toch kun je bij het opzetten van een administratieve organisatie slim gebruikmaken van de uitvoerende functie. Bijvoorbeeld door deze ook een controlerende rol te geven.

TUSSENVRAAG 4.4
Ronnie heeft slim gebruikgemaakt van het combineren van een uitvoerende functie met een controlerende functie in zijn hotel. Hoe heeft hij dit gedaan?

De laatste twee functies staan rechts in het schema: registrerend en controlerend, gescheiden door een stippellijn. Met dit laatste willen we aangeven dat deze functies vaak gecombineerd zijn. Met de registrerende functie wordt vrijwel altijd de (financiële) administratie bedoeld. Alles wat binnen het bedrijf gebeurt, wordt daar geregistreerd. Daar kan dus ook op een mooie manier controle plaatsvinden. Toch kunnen ook andere afdelingen een controlerende rol hebben. Zoals uit het antwoord van tussenvraag 4.4 blijkt heeft Ronnie in het hotel de schoonmaakdienst ook een controlerende functie gegeven. Daarnaast zijn er bedrijven die een aparte controleafdeling hebben.

TUSSENVRAAG 4.5
Noem drie voorbeelden van controleafdelingen.

Omdat een van de uitgangspunten van administratieve organisatie is dat verschillende medewerkers bij een handeling of transactie betrokken zijn, is functiescheiding een belangrijke randvoorwaarde. Zonder functiescheiding is geen goede administratieve organisatie mogelijk.
Dit betekent dat hoe kleiner het bedrijf is, hoe moeilijker het is een goede AO te ontwerpen. Doordat er minder mensen zijn, zal er sprake zijn van functievermenging. Dit is de situatie waarin functies die eigenlijk gescheiden zouden moeten zijn, toch bij één medewerker samenvallen. Dit heeft dan weer tot gevolg dat er andere maatregelen genomen moeten worden om dit risico op te heffen. Maar het feit blijft dat de organisatie een minimale omvang moet hebben. Een goede administratieve organisatie voor een letterlijke eenmanszaak is onmogelijk.
Dit betekent ook dat in elke onderneming waar een goede administratieve organisatie is, er sprake zal zijn van functiescheiding. Hoe dit wordt ingevuld, is afhankelijk van het type bedrijf en de omvang.

Functie-
vermenging

4.2.2 Automatisering
Een tweede randvoorwaarde waar je niet meer omheen kunt is automatisering. Natuurlijk, er zijn nog wel bedrijven waar automatisering minder belangrijk is (de slager om de hoek), maar in een bedrijf van een beetje omvang speelt automatisering een belangrijke rol. Zelfs zijn er bedrijven die hun hele strategie op automatisering gebouwd hebben en zonder automatisering niet zouden bestaan.

TUSSENVRAAG 4.6
Noem een aantal bedrijven die zonder automatisering niet zouden bestaan.

Dit betekent dat de automatisering altijd aan bepaalde eisen moet voldoen. Welke eisen dat zijn, hangt weer af van het type bedrijf en de omvang ervan. Bij het handelsbedrijf van Rick zal een server met de website en de boekhouding (incl. voorraadadministratie) draaien. Deze moet aan bepaalde eisen voldoen. Dat zijn andere eisen dan de automatiseringsafdeling van een grote bank, waar tientallen zo niet honderden mensen zullen werken. Het gaat te ver om nu deze eisen te bespreken, maar één aspect willen we er wel uitlichten en dat is de zogenoemde 'toegangsbeveiliging'. Deze hangt namelijk direct samen met de functiescheiding die we hiervoor besproken hebben.

Toegangs-
beveiliging

De achterliggende gedachte van functiescheiding is dat er bij een transactie verschillende medewerkers betrokken zijn, die zo mogelijk een tegengesteld belang hebben. Dit hebben we in hoofdstuk 3 gezien.

VOORBEELD 4.2

In een handelsbedrijf maakt de afdeling Verkoop (beschikkende functie) de verkooporder aan. Op basis hiervan haalt de magazijnmeester (bewarende functie) de goederen uit het magazijn. De magazijnmeester verwerkt de goederenafgifte in de voorraadadministratie (registrerende functie).

In dit voorbeeld mag de magazijnmeester alleen goederen afgeven als er een verkooporder is, die vervolgens wordt afgeboekt in de voorraadadministratie. Dit betekent dat er een voorraadverschil zal ontstaan als hij goederen uit het magazijn haalt zonder verkooporder. Er vindt geen afboeking in de voorraadadministratie plaats, terwijl de goederen wel weg zijn.

Dit verhaal gaat niet op als de magazijnmeester in de voorraadadministratie kan wijzigen zonder dat er een verkooporder is. Dan zal hij er wel voor zorgen dat de voorraadadministratie wordt bijgewerkt, zodat er geen voorraadverschil is. De voorraadadministratie, met andere woorden, moet voor de magazijnmeester zodanig zijn afgeschermd dat hij deze wel mag raadplegen (dat is wel handig), maar niet mag veranderen (afgezien van de afboeking die gekoppeld is aan de verkooporder). We noemen dat de 'autorisatie' van de magazijnmeester, vastgelegd in de autorisatietabel, waar we in paragraaf 3.5.4. mee hebben kennisgemaakt. Het computersysteem herkent de gebruiker op basis van diens inlognaam (user-ID) en wachtwoord, waar bepaalde bevoegdheden aan gehangen zijn. Je zult begrijpen dat deze autorisatietabel bij een bedrijf van een beetje omvang behoorlijk groot en ingewikkeld zal zijn.

Autorisatie

Autorisatietabel

We kunnen zeggen dat door deze toegangsbeveiliging de functiescheidingen 'verankerd' zijn in het geautomatiseerde systeem. Als dat niet het geval is, met andere woorden het computersysteem 'lek' is, zijn functiescheidingen zinloos. Dat geldt ook wanneer medewerkers elkaars user-ID en wachtwoord kennen, wat nog weleens gebeurt. Bijvoorbeeld dat iemand zijn wachtwoord met een 'geeltje' op het beeldscherm hangt. Dat doe je met je pincode toch ook niet?

TUSSENVRAAG 4.7

Hoe kunnen de gevolgen van het kennen van elkaars wachtwoord worden verkleind (niet uitgesloten overigens)?

In hoofdstuk 6 gaan we dieper in op de maatregelen die in het kader van een goede administratieve organisatie moeten worden genomen op het gebied van de geautomatiseerde gegevensverwerking.

4.2.3   Begroting

Een bedrijf of instelling kan niet functioneren zonder begroting. Deze stelling kan worden onderbouwd als we even terugdenken aan het begrip 'sturen', een van de elementen waarom er zoiets als administratieve organisatie is. Sturen was te omschrijven als 'de gewenste richting' geven. Welnu, de (financiële) richting ligt vast in de begroting.

De begroting is nodig, zoals we bij Ronnie's hotel hebben gezien, om een kostprijs te kunnen berekenen. Ook is de begroting nodig om de werkelijkheid ertegen te kunnen afzetten. Als een onderneming in een maand een omzet heeft van €100.000, zegt dat helemaal niets over de vraag of het een

goede of slechte maand geweest is. Pas als de werkelijkheid naast de begroting, bijvoorbeeld €80.000, gepresenteerd wordt, kunnen we de conclusie
trekken dat het qua omzet een goede maand geweest is.
Daarom zal in elke administratieve organisatie als randvoorwaarde een begroting moeten zijn. Het proces van totstandkoming van de begroting ziet
eruit als in figuur 4.4.

FIGUUR 4.4 Totstandkoming begroting

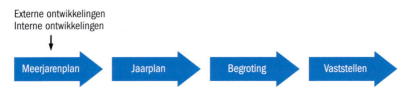

Uit figuur 4.4 valt af te lezen dat de begroting voortvloeit uit het jaarplan. Het
is in feite een financiële vertaling van de plannen voor het volgende jaar. De
begroting is opgebouwd uit deelbegrotingen. Hierbij valt te denken aan ver-
koop-, inkoop-, productie- en kostenbegroting, maar ook aan de investe-
rings- en liquiditeitsbegroting. Welke deelbegrotingen er zijn, is weer afhankelijk van het type onderneming. Ook afhankelijk van het type onderneming
is welke informatie uit de begroting voortvloeit. Bij het hotel was dat de kostprijs van een kamer, bij een productieonderneming zal dat de standaardkostprijs van het product zijn en bij een accountantskantoor het uurtarief
van de medewerkers.

Wat in alle gevallen dient te gebeuren, is dat de begroting formeel wordt
'vastgesteld' (zeg maar goedgekeurd) door de topleiding, de directie en
eventueel de Raad van Commissarissen.

4.2.4 Richtlijnen
Zodra een organisatie een zekere omvang heeft zijn er 'spelregels' nodig
(richtlijnen). Welke dit zijn hangt af van de soort onderneming. Daarom valt
er in zijn algemeenheid niet veel van te zeggen. Wel is het van belang dat je
richtlijnen niet verwart met procedures. In de procedures (processen) staat
beschreven hoe bijvoorbeeld het inkoopproces verloopt (wie doet wat,
waarmee – informatie – en welke administratieve vastlegging?), terwijl de
richtlijnen de spelregels zijn waaraan de medewerkers zich bij het uitvoeren
van de procedures moeten houden. Richtlijnen hangen ook sterk samen met
de attentiepunten die in het bedrijf of de instelling te onderkennen zijn.

- -

VOORBEELD 4.3
Binnen een autobedrijf vindt inruil plaats. Hierbij ontstaat functievermenging
tussen verkoop (van de nieuwe auto) en inkoop (inruil). Het risico is dat de
verkoper te veel biedt voor de inruilauto omdat hij graag een nieuwe auto wil
verkopen (en zo een bonus kan verdienen!). In richtlijnen die bij verkopers
bekend moeten zijn, ligt dan vast hoe hiermee om te gaan. Bijvoorbeeld, er
is goedkeuring van de filiaalmanager nodig (functiescheiding).

- -

Met de bespreking van de eerste kolom uit figuur 4.1 hebben we de rand-voorwaarden gehad die gesteld worden voordat er sprake kan zijn van een goede administratieve organisatie. De volgende stap zou nu kunnen zijn het inrichten van de AO door de procesbeschrijvingen. Het is echter handig eerst stil te staan bij de informatie die nodig is. Daar kun je dan rekening mee houden bij het inrichten van de processen, zodat de juiste informatie ook (betrouwbaar) beschikbaar komt.

4.3 Informatie

Figuur 4.5 laat zien uit welke elementen informatie bestaat.

FIGUUR 4.5 Informatie

Hierin zul je de drie onderdelen van de informatiepiramide van paragraaf 3.1.2. herkennen.

We hebben daar gezien dat strategische informatie over externe zaken gaat: wat doen concurrenten, wat zijn de technologische mogelijkheden, is be-paalde wetgeving van belang enzovoort. Hierbij gaat het dan vooral over de toekomst. Deze informatie komt dus niet zozeer uit de eigen organisatie en daarom krijgt het binnen het vakgebied van administratieve organisatie rela-tief weinig aandacht.

Strategische informatie

Tactische informatie gaat primair over besturen van de organisatie, maar dan niet zozeer 'waar gaan we heen?', maar 'liggen we nog op koers?'. Dit betekent dat daarin een belangrijke rol is weggelegd voor de werkelijk be-haalde resultaten ten opzichte van de begroting. Zo zal in elk bedrijf infor-matie over de omzet ten opzichte van de begroting hieronder vallen. Hoe deze omzet verder wordt gespecificeerd (naar productgroep, naar regio, naar klantgroep) is afhankelijk van het type organisatie. Deze informatie gaat niet over de details (de individuele verkooporders), maar vat deze samen, bij-voorbeeld per maand.
De ontwerpers van de administratieve organisatie moeten rekening houden met deze zogenaamde 'managementinformatie'. Deze informatie moet op betrouwbare wijze uit de processen voortvloeien.

Tactische informatie

Operationele informatie, tot slot, is de (detail)informatie die nodig is om de organisatie te 'doen functioneren'. Deze informatie zit 'in de processen'. Zo

Operationele informatie

moet een inkoper weten wat hij moet inkopen, een magazijnmeester moet weten dat er een levering aan komt, zodat hij kan zorgen voor voldoende ruimte in het magazijn en de administrateur moet weten wat besteld en wat ontvangen is om de inkoopfactuur te kunnen goedkeuren. Zonder deze informatie kan de organisatie niet functioneren. Deze informatie zit in de processen en betreft detailinformatie over individuele orders en leveringen. De relatie tussen de soorten informatie en de administratieve organisatie kan als in tabel 4.1 worden samengevat.

TABEL 4.1 Relatie soort informatie/ administratieve organisatie

Soort informatie	Belang van de AO
Strategisch	Beperkt: deels extern
Tactisch	Groot: vloeit voort uit AO
Operationeel	Groot: is onderdeel van AO

4.4 Processen

Figuur 4.6 geeft het element processen weer van een administratieve organisatie.

FIGUUR 4.6 Processen

We zijn tot nu toe alleen maar bezig geweest met de randvoorwaarden om een goede administratieve organisatie te kunnen ontwikkelen en de informatie die een goede AO moet opleveren. Nu komen we bij het 'hart' van de administratieve organisatie, namelijk de processen. En nu wordt het echt leuk, want het ontwerpen van een proces is een creatief proces.
Dit is onder meer het gevolg van het feit dat geen twee organisaties gelijk zijn en dus de processen ook verschillend worden ingericht. Processen zijn maatwerk.
Toch valt er wel wat algemeens over te zeggen.
Bij het ontwerpen van processen zijn drie zaken van belang die in figuur 4.7 in hun samenhang zijn weergegeven.

FIGUUR 4.7 De elementen van een AO-procesbeschrijving

In het centrum van figuur 4.7 zie je de procesbeschrijving. Concreet gaat het hierbij om de vraag:
- Wie (functiescheiding)?
- Wat (concrete handeling)?
- Waarmee (informatie)?
- Welke vastlegging (administratie)?

Kijk eens even terug naar het voorbeeld aan het begin van paragraaf 3.2; daar vind je deze elementen terug. De processen worden 'gevormd' vanuit drie dimensies.

De eerste dimensie is dat de procesbeschrijving gebaseerd is op een fundament van interne controle: dat is de invalshoek die de AO-professional kiest. Dit betekent dat er ook andere fundamenten mogelijk zijn.
Een belangrijk ander fundament is 'efficiency'. Je kunt je voorstellen dat een proces dat bol staat van de controles, niet efficiënt zal zijn; omgekeerd zal een proces dat bijzonder efficiënt is niet altijd voldoen aan de eisen van interne controle.

VOORBEELD 4.4
In het inkoopproces zou het het meest efficiënt zijn als één persoon alles deed. Dan zijn er geen afstemmingsproblemen, er hoeft weinig te worden vastgelegd en misschien kan het bedrijf met minder mensen toe. Maar de interne controle is er niet en daarmee is bijvoorbeeld de fraudegevoeligheid groot.

Betekent het nu dat de AO-professional helemaal geen oog heeft voor efficiency? Nee, natuurlijk niet en als dat zo zou zijn, zou die zich binnen het bedrijf niet populair maken. Daarom zullen we altijd zoeken naar interne-controlemaatregelen 'in de processen' en bijvoorbeeld zo weinig mogelijk (of liever geen) gebruikmaken van aparte controlemedewerkers. De sterkste interne controle is als er op basis van functiescheiding processtappen door verschillende medewerkers gezet worden, die toch al in het bedrijf aanwezig zijn.

De tweede dimensie is dat de processen wel degelijk (deels) gebaseerd zijn op standaardprocesstappen. In de literatuur zijn de diverse processen (inkoop, productie, verkoop enzovoort) onderverdeeld in processtappen waar vervolgens een 'standaardbeschrijving' van is gegeven. Dergelijke beschrijvingen zijn zowel makkelijk als gevaarlijk. Makkelijk omdat je de beschrijvingen natuurlijk kunt gebruiken ('goed gejat is beter dan slecht bedacht'), gevaarlijk omdat geen twee bedrijven hetzelfde zijn. De activiteiten zullen verschillen, de omvang zal verschillen, maar, het belangrijkste, ook de attentiepunten zullen verschillen. Dit vormt de derde dimensie van een goede AO-beschrijving. Als voorbeeld geven we weer het inkoopproces, waarvan de standaardprocesstappen in figuur 4.8 zijn weergegeven.

FIGUUR 4.8 Standaardprocesstappen inkoop

4

Dit zijn de stappen die in principe voorkomen. Maar, je kunt je bedenken dat dit bij een uitzendbureau, waar nauwelijks inkoop plaatsvindt, anders georganiseerd zal zijn dan bij een fabriek die belangrijke grondstoffen moet inkopen. Of bij een luchtvaartmaatschappij, die over de hele wereld kerosine moet inkopen, daar contracten voor zal afsluiten in Amerikaanse dollars en dat alles op een inkoopmarkt met dagelijks wisselende prijzen.

De kunst van het beschrijven van processen is aan de ene kant de standaardstappen toepassen en aan de andere kant op een slimme manier omgaan met de attentiepunten van de specifieke onderneming. We hebben ons voor wat betreft de processen tot nu toe alleen maar beziggehouden met de vraag wat een proces eigenlijk is. Een minstens zo belangrijke vraag is welke processen beschreven moeten worden en welke deelprocessen te onderkennen zijn. Hiervoor is geen standaardantwoord te geven. Dit hangt in belangrijke mate af van de soort onderneming (typologie), waar we in paragraaf 4.6 op terugkomen. Eerst kijken we naar het laatste element van administratieve organisatie, namelijk de zogenaamde 'verbanden'.

4.5 Verbanden

Figuur 4.9 geeft het element verbanden weer van een administratieve organisatie.

Zoals in de vorige paragraaf is toegelicht, is interne controle de bril waardoor de AO-specialist naar processen kijkt. Dit betekent dat in de processen vooral aandacht wordt besteed aan de controles en afstemmingen die plaatsvinden, zowel in de processen zelf (de administratie die de inkoopfactuur controleert met de bestelling en de ontvangst) als 'achteraf'. Bij dit laatste gaat het in belangrijke mate om de zogenoemde 'verbandcontroles', ook wel

Omspannende verbandcontroles 'omspannende verbandcontroles' genoemd. Hierbij stelt de administratie vast dat er evenwicht is in de diverse 'stromen' die in het bedrijf aanwezig zijn. Deze 'stromen' worden door de diverse processen in de organisatie

FIGUUR 4.9 Verbanden

uitgevoerd, waarbij verschillende medewerkers (functiescheiding) betrokken zijn geweest.

Om een en ander te verduidelijken, zullen we kijken naar de verbandcontroles die in het bedrijf van Rick voorkomen met betrekking tot de consoles en controllers. We doen dit op basis van het concept van de 'waardekringloop' die in figuur 4.10 is weergegeven.

FIGUUR 4.10 Waardekringloop handelsonderneming

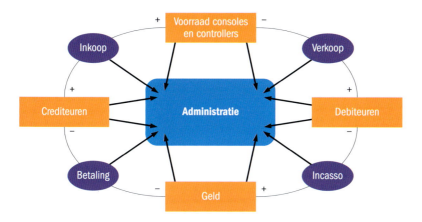

In figuur 4.10 zie je de vier bewarende functies (rechthoeken), de vier beschikkende functies (cirkels) en de registrerende/controlerende functie (in het midden) terug.
Beredeneerd vanuit de beschikkende functie vinden er steeds twee (gelijke) mutaties plaats in activa en/of passiva die door een bewarende functie worden 'bewaakt'. Neem als voorbeeld de inkoop: deze leidt tot een opboeking voorraad en een gelijke opboeking crediteuren. Eigenlijk zien we hier de journaalpost 'voorraad aan crediteuren' terug, waarbij we gemakshalve even voorbijgaan aan de btw. We noemen dit een 'verband' dat voor een individuele inkooptransactie geldt, maar ook in totaal over een bepaalde periode.

In tabel 4.2 zijn alle vier verbanden weergegeven.

TABEL 4.2 De verbanden in een handelsonderneming

Beschikkende functie	Verband
Inkoop	Voorraad bij = Crediteuren bij
Betaling	Crediteuren af = Geld af
Verkoop	Voorraad af = Debiteuren bij
Incasso	Debiteuren af = Geld bij

In figuur 4.10 geven de pijlen vanuit de beschikkende en de twee bewarende functies aan dat op de administratie, hetzij in detail hetzij in totalen, deze verbandcontroles plaatsvinden.

TUSSENVRAAG 4.8
Welk 'rekenkundig probleem' zit in tabel 4.2, met andere woorden waar geldt het verband niet zo direct als in de tabel is vermeld?

Geld-goederen-beweging

Binnen de handelsonderneming spreken we ook wel van de geld-goederen-beweging om deze verbanden weer te geven. Dit is in feite een andere in-valshoek van de verbanden. Hiervoor hebben we namelijk verbanden aan-gegeven tussen activa en passiva; ook binnen de activa en passiva bestaan echter verbanden. Het duidelijkste is dit bij de goederenbeweging.

VOORBEELD 4.5
Rick had op 1 januari dertig consoles type A in voorraad. Vanuit de inkopen blijkt hij er in januari vijftig te hebben ingekocht. Op 31 januari is zijn voor-raad twintig. Hij moet dan zestig consoles hebben verkocht. Stel dat de ver-koopprijs van een console €250 is, dan moet zijn omzet (uit deze consoles) dus €15.000 zijn.

Theoretische omzet

Soll-positie
Ist-positie
Volledigheid

In het voorbeeld hebben we op grond van de goederenbeweging de zoge-noemde theoretische omzet berekend. Een ander woord hiervoor is de soll-positie van de omzet. Hiermee geven we aan wat de omzet over januari moet zijn (soll is afgeleid van het Duitse woord sollen = moeten). De administratie zet deze af tegen de werkelijk verantwoorde omzet, ook wel de ist-positie genoemd. Op deze wijze is de volledigheid van de verantwoorde omzet ge-controleerd.

TUSSENVRAAG 4.9
Wat zou de soll-positie van de omzet zijn geweest als iemand in januari vijf consoles zou hebben ontvreemd?

De formule van de goederenbeweging luidt dan ook:

Beginvoorraad + Inkopen –/– Eindvoorraad = Verkopen

Uiteraard hadden we ook de eindvoorraad achter het isgelijkteken kunnen zetten, maar de reden dat we voor deze weergave hebben gekozen, is dat achter het isgelijkteken de te berekenen 'soll-positie' staat. We noemen deze formule ook wel een bètaformule.

Bètaformule

Zo zijn van alle vier de activa en passiva binnen de handelsonderneming de betreffende formules te geven. Deze zijn opgenomen in tabel 4.3.

TABEL 4.3 De bètaformules binnen een handelsonderneming

Goederen	Beginvoorraad + Inkoop -/- Eindvoorraad = Verkoop
Debiteuren	Beginsaldo + Verkoop -/- Eindsaldo = Ontvangsten
Geld	Beginsaldo + Ontvangsten -/- Eindsaldo = Uitgaven
Crediteuren	Beginsaldo -/- Uitgaven -/- Eindsaldo = Inkopen (absoluut)

Je ziet de gelijkenis tussen de formules. Alleen bij de crediteuren staat het eerste teken andersom; dat komt omdat crediteuren 'aan de andere kant' van de balans staan.

Het mooie van de bètaformules is dat niet alleen de verbanden binnen de activa en passiva worden weergegeven, maar ook die ertussen. Met andere woorden: de post 'Verkoop' in de goederenbeweging is gelijk aan de post 'Verkoop' in de debiteurenbeweging. In figuur 4.11 is dat weergegeven.

FIGUUR 4.11 De verbanden tussen de bètaformules

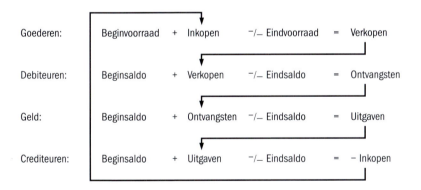

Je ziet dat de ('vierkante') cirkel weer rond is.
Toch is één waarschuwing op zijn plaats: als de verbanden kloppen, wil het nog niet zeggen dat de volledigheid gewaarborgd is. De verbanden hoeven namelijk niet op 'het juiste niveau' te zitten. Kijk maar eens naar tabel 4.4.

In beide gevallen sluiten de verbanden. Toch liggen in variant 2 de bedrijfs-activiteiten '200 hoger'. We noemen dit niveau van de bedrijfsactiviteiten ook wel de 'chiffres d'affaires'.

Chiffres d'affaires

TABEL 4.4 Sluitende verbanden?

	Variant 1	Variant 2
Goederen: BV + I – EV = V	300 + 500 – 200 = 600	300 + 700 – 200 = 800
Debiteuren: BS + V – ES = Ontv.	400 + 600 – 300 = 700	400 + 800 – 300 = 900
Geld: BS + Ontv. – ES = Uitg.	200 + 700 – 300 = 600	200 + 900 – 300 = 800
Crediteuren: BS – Uitg. – ES = Ink.	500 – 600 – 400 = –500	500 – 800 – 400 = –700

Bedenk in dit kader wat de doelstelling van de verbandcontroles is: het con-troleren van de werkelijk in de administratie verantwoorde verkopen, ont-vangsten, uitgaven en inkopen op hun volledigheid. Doordat de diverse ge-gevens uit verschillende bronnen afkomstig zijn (functiescheiding), zal het niet zo zijn dat alle getallen, zoals in het voorbeeld, 200 te hoog zijn. Dit kan wel als er geen functiescheiding is en er één persoon voor kan zorgen dat zo-wel de inkoop als de verkoop, met de daarbij behorende geldstromen, bui-ten de boekhouding blijft.

Met de behandeling van 'de binnenkant van figuur 4.1' hebben we gezien waaruit een goede AO bestaat. Toch zegt dit niets over hoe een en ander ver-volgens ingevuld gaat worden. Dit is afhankelijk van de twee buitenste ran-den van figuur 4.2: de typologie en de attentiepunten.
De volgende paragrafen gaan hier kort op in.

4.6 Typologie

Zoals gezegd is de administratieve organisatie van elk bedrijf verschillend. Toch zullen er ook overeenkomsten zijn. Deze overeenkomsten zijn afhan-kelijk van het 'type bedrijf'. In hoofdstuk 1 heb je kennisgemaakt met de ty-pologie van Starreveld. Voordat je begint met het ontwerpen van de admi-nistratieve organisatie, is het goed te bedenken tot welke typologie het bedrijf hoort. Dit is vooral van belang voor de verbanden die in het bedrijf centraal staan en voor het bepalen van de belangrijkste processen.

Rick's gameworld is een handelsbedrijf. Omdat het een handelsbedrijf is, kun je van tevoren bedenken dat de belangrijkste processen inkoop, maga-zijn en verkoop zijn. Ook weet je dat het gaat om de verbanden in de geld- en goederenbeweging, zoals hiervoor is besproken.

In de volgende twee hoofdstukken gaan we dieper in op het handelsbedrijf dat op rekening levert. In hoofdstuk 7 behandelen we de andere bedrijven uit de typologie.

4.7 Attentiepunten

De attentiepunten zijn bedrijfsspecifiek. Als je zo enthousiast bent geworden over het vak dat je er verder in wilt gaan, zul je in het vervolg van je studie gaan nadenken over welke attentiepunten een bedrijf kent en welke maatre-gelen van administratieve organisatie nodig zijn om die te beheersen. Hierbij is het boeiende dat geldt 'al is de theorie nog zo snel, de praktijk achterhaalt

haar wel'. In het 'echte' (zaken)leven worden steeds nieuwe activiteiten, producten, markten enzovoort bedacht die hun eigen beheersingsproblemen
met zich meebrengen en waar dus iets op gevonden moet worden.
Het gaat hier dus om die specifieke aspecten binnen de organisatie die de
beheersing moeilijker maken.

VOORBEELD 4.6
Onderneming A en onderneming B zijn allebei een technische groothandel.
Ook zijn ze qua omzet allebei ongeveer even groot. Onderneming A heeft
echter tien klanten waar ze 50 producten aan levert, die ze al heel lang in
het assortiment heeft. De inkoop vindt plaats in Nederland. Onderneming B
heeft ongeveer 1.500 producten die ze, in veel kleinere hoeveelheden dan
onderneming A, levert aan ongeveer 1.000 klanten. Wekelijks komen er
nieuwe producten bij en gaan er oude producten af. Ongeveer 300 producten koopt B in China in, waarbij betaling in US Dollars plaatsvindt. Wekelijks
voert B acties: in een wekelijkse folder worden de aanbiedingen vermeld; dit
betreft prijsverlagingen van standaardproducten die alleen in die week
gelden.

Ondanks dat A en B allebei tot dezelfde typologie behoren en qua omzet
even groot zijn, zal het duidelijk zijn dat de activiteiten van B veel moeilijker
te beheersen zijn dan die van A. Hier zal de administratieve organisatie een
antwoord op moeten zien te vinden. De kunst van het goed toepassen van
de concepten van AO is het onderkennen van de specifieke attentiepunten
binnen een bepaalde onderneming en daarvoor maatregelen te treffen. Dit
gaat echter te ver voor dit boek.

Samenvatting

In dit hoofdstuk zijn we de bouwstenen langsgegaan die nodig zijn om een
goede administratieve organisatie te kunnen bouwen. We hebben gezien dat
er aan bepaalde randvoorwaarden voldaan moet worden, wil er sowieso
sprake kunnen zijn van een goede AO. Hoewel geen enkele randvoorwaarde
gemist kan worden, is de functiescheiding wel een heel erg belangrijke. Zonder een adequate functiescheiding is het niet mogelijk een goede administratieve organisatie te bouwen. Daarom geldt ook 'hoe kleiner de organisatie, hoe moeilijker de AO is te bepalen'. Ook hebben we gezien dat binnen
de AO gezocht wordt naar bepaalde 'verbanden' en dat deze afhangen van
het soort organisatie waar we het over hebben. Pas als de randvoorwaarden
bekend zijn en we ons bewust zijn van de te zoeken verbanden, kunnen de
processen worden ingericht.

© Noordhoff Uitgevers bv

Vraagstukken

V4.1 In het hotel van Ronnie wordt gewerkt met een geautomatiseerd systeem. In dit systeem ligt onder meer vast welke kamers er zijn, wat de prijs is van een kamer en of de kamer bezet is of niet. Daarnaast is er een bestand met vaste klanten, die automatisch 10% korting krijgen.

Welke gegevens mag de receptiemedewerker wijzigen en welke niet? Ga hierbij na welke risico's ontstaan als de receptionist bepaalde gegevens mag wijzigen.

V4.2 Maak een procesbeschrijving van het gehele proces in Ronnie's hotel vanaf het moment dat een klant belt om een kamer te reserveren tot en met het moment dat hij uitcheckt en betaalt. Besteed hierbij aandacht aan interne controle.

V4.3 Bedenk vijf attentiepunten die de administratieve organisatie van het verkoopproces beïnvloeden.

5

Handel op rekening: de primaire processen (1)

In de vorige hoofdstukken hebben we uitgebreid stilgestaan bij het fenomeen 'proces'. Hierbij zijn onder meer de relaties tussen de organisatie en de processen aan de orde gekomen, maar ook de verschillende processen die we kennen.

In dit hoofdstuk worden we een stuk concreter en komen de processen aan de orde zoals die in het handelsbedrijf te vinden zijn: inkoop, voorraad en verkoop. Hierbij zullen we zowel op zoek gaan naar een 'rode draad' als aandacht besteden aan de verschillen die er zijn, omdat elk bedrijf nu eenmaal anders is. In dit hoofdstuk behandelen we de zogenaamde primaire processen. De ondersteunende processen komen in het volgende hoofdstuk aan de orde.

Instal bv

5

Instal bv is een voorraadhoudende technische groothandel met een omzet van circa €150 miljoen. Het totale assortiment bestaat uit zo'n 8.000 artikelen (onder meer kabel, verlichting en elektrisch installatiemateriaal) en wordt geleverd aan ongeveer 4.500 afnemers.

De afnemers zijn met name installateurs, loodgieters en onderhoudsafdelingen van bedrijven. De artikelen worden zowel via een schriftelijke als een elektronische catalogus aangeboden.

Instal bevindt zich in een sterk concurrerende markt. Naast Instal zelf is een tweetal grote spelers op de markt actief. Die kunnen grotere volumes inkopen, waardoor de prijsdruk in de markt groot is. Instal moet het zowel hebben van een assortiment dat steeds de laatste ontwikkelingen weergeeft (nieuwe producten, nieuwe toepassingsmogelijkheden) als van een grote leverbetrouwbaarheid:

vandaag besteld, is morgen in huis. Dit betekent dat Instal zich absoluut geen 'nee-verkopen' kan veroorloven. Daarnaast moet vanwege de scherpe concurrentie goed 'op de kleintjes gelet worden'. Overtollige, of nog erger, verouderde voorraden zijn dan ook uit den boze. De laatste tijd is Instal binnen de markt positief in het nieuws gekomen door een aantal productinnovaties die de inkopers van Instal na actief zoeken op het spoor zijn gekomen in China. De inkopers hebben met een aantal Chinese leveranciers contracten afgesloten voor de exclusieve import van hun producten in Nederland. Onder meer als gevolg hiervan heeft een koepel van installatiebedrijven (die zich als vooruitstrevend en vernieuwend profileert) verkoopcontracten met Instal afgesloten. Dit alles maakt dat de toekomst er voor Instal zonnig uitziet, als ze de hooggespannen verwachtingen kan (blijven) waarmaken.

5.1 Inkoopproces

In deze paragraaf gaan we onderzoeken wat voor activiteiten allemaal in een inkoopproces voorkomen. We doen dit aan de hand van Instal bv, maar zullen regelmatig uitstapjes maken naar andere bedrijven omdat, zoals eerder is gezegd, elk proces, dus ook het inkoopproces, bedrijfsspecifiek is. Tevens zullen we kort kijken welke medewerkers – normaal gesproken – de diverse processtappen uitvoeren. Dit is de bril waardoor we met name naar de processen kijken binnen het vakgebied administratieve organisatie (functiescheiding). Het zal duidelijk zijn dat dit helemaal afhangt van de organisatie waar we het over hebben.

Als we eens goed naar een inkoopproces kijken, kunnen we daarin de volgende fasen onderscheiden, zie figuur 5.1.

FIGUUR 5.1 De fasen in het inkoopproces

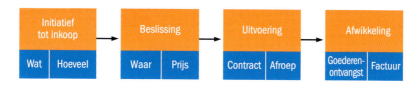

De verschillende stappen in figuur 5.1 zullen we nader onderzoeken.

5.1.1 Initiatief tot inkoop

De eerste stap in het inkoopproces is dat er een signaal is dat het hele proces in beweging zet. We noemen dit het initiatief tot inkoop, ook wel impuls tot inkoop genoemd. Ergens in een organisatie moet de beslissing genomen worden dat er 'iets' ingekocht gaat worden.

Als we kijken naar Instal bv, dan zullen er twee categorieën producten zijn. De eerste zijn de bestaande artikelen die in het assortiment zitten. Zolang de omstandigheden niet wijzigen, kan de impuls tot inkoop berekend worden op basis van verwachte verkopen, levertijden en voorraadniveau. Binnen de bedrijfseconomie zijn hier modellen voor ontwikkeld die zaken uitrekenen als optimale bestelgrootte (hoeveel te bestellen) en bestelmoment. Rekening houdend met de kosten van bestellen, kosten van het voorraad houden, kortingen bij grotere bestellingen en andere factoren, kun je precies uitrekenen wat wanneer besteld moet worden. Dit gebeurt om zowel de kosten van bestellen en voorraad houden zo laag mogelijk te houden als te voorkomen dat er 'nee' verkocht moet worden. Hier wordt ook wel gesproken over JIT, Just in Time: leveringen moeten precies op tijd zijn, niet te laat maar ook niet te vroeg (kost geld), niet te weinig, maar ook niet te veel (kost ook geld). Als deze zaken eenmaal zijn uitgerekend, kan de bestelling door het computersysteem gedaan worden: zodra het voorraadniveau bereikt wordt, komt er een bestelling. Deze bestelling kan de vorm hebben van een advies waar nog iemand naar kijkt, maar er wordt ook veel volledig geautomatiseerd besteld, waarbij de computer direct een bestelling bij de leverancier plaatst. We noemen dit ook wel e-Procurement. Veel bestellingen in supermarkten gaan volgens deze manier.

Besteladvieslijst

Just in Time

e-Procurement

Uit de openingscasus kunnen we herleiden dat bij Instal bv de inkoopfunctie een hele belangrijke is.

TUSSENVRAAG 5.1
Waarom is de inkoopfunctie bij Instal bv zo belangrijk?

Autorisatie
Voordat het zover is, zal de beslissing genomen moeten worden of het artikel in het assortiment wordt opgenomen. Bij Instal bv zullen er twee lijnen zijn waarlangs dit gebeurt. De eerste is vraag vanuit de markt. Degenen die hier het meeste zicht op hebben zijn de verkopers. Zij spreken dagelijks met de klanten en zij zullen dus signalen opvangen om artikelen in het assortiment te gaan opnemen. Uiteraard zal de afdeling Inkoop niet direct tot actie over gaan als een (junior-)verkoper een (vaag) signaal van een klant heeft opgevangen. Hier spreken we van de eis dat de impuls tot inkoop gedaan wordt door iemand die daartoe geautoriseerd is. Als er vraag vanuit verschillende klanten is, zal bijvoorbeeld het hoofd Verkoop geautoriseerd zijn de beslissing te nemen een artikel te gaan voeren. De tweede lijn waarlangs besloten wordt dat een bepaald artikel tot het assortiment gaat behoren en dus moet worden ingekocht, hebben we al in de openingscasus gezien. Bij Instal bv 'struinen inkopers actief de markt af' op zoek naar nieuwe artikelen die een succesvolle bijdrage kunnen leveren aan de omzet van Instal. Ook hier zal de uiteindelijke beslissing dat goederen feitelijk in het assortiment opgenomen gaan worden, hoog in de organisatie genomen moeten worden. Te denken valt weer aan het hoofd Verkoop. Het zal duidelijk zijn dat in het begin 'voorzichtig' ingekocht zal gaan worden: niet te grote hoeveelheden. Mochten de artikelen aanslaan dan kunnen ze, volgens de hiervoor genoemde rekenregels, definitief in het assortiment worden opgenomen.

TUSSENVRAAG 5.2
Noem een aantal soorten bedrijven waarbij het initiatief om goederen te gaan voeren vooral van inkoop afhankelijk is.

**Investerings-
beslissingen**

Het belang van de fase 'initiatief tot inkoop' hangt af van het type bedrijf en van de soort inkopen. Zo zal de inkoop van kantoorbenodigdheden binnen een accountantskantoor niet zo kritisch zijn; de beslissing tot het vervangen van alle laptops weer wel. Hier wordt ook wel gesproken over het onderscheid tussen normale inkoop en investeringsbeslissingen. Deze laatste kenmerken zich door het feit dat deze beslissingen minder vaak genomen worden, maar dat er wel (veel) grotere bedragen mee gemoeid zijn. De financiële gevolgen van investeringsbeslissingen zijn groot. Daarnaast kan een bedrijf lang de nadelen ervaren als er een foute investeringsbeslissing is genomen. Daarom worden dit soort beslissingen door de top van de organisatie genomen.

TUSSENVRAAG 5.3
Noem een voorbeeld binnen een luchtvaartmaatschappij van (haast dagelijkse) standaardinkopen en van investeringsbeslissingen.

Als besloten is welke inkoop moet gaan plaatsvinden en voor welke hoeveelheden, komt de vraag aan de orde waar ingekocht zal gaan worden en tegen welke prijs.

5.1.2   Beslissing

Als het besluit genomen is dat inkoop zal gaan plaatsvinden, komen de vragen naar voren van het 'waar en tegen welke prijs?'.
Hier komt de afdeling Inkoop in beeld. De taak van de afdeling Inkoop is tegen een zo gunstig mogelijke prijs-kwaliteitverhouding de door het bedrijf gewenste goederen (en diensten, maar we concentreren ons op goederen) in te kopen.
In een aantal gevallen is dit makkelijk: de dealer van een bekend automerk heeft voor de inkoop van de auto's slechts één adres: de importeur. Vaak ligt het echter ingewikkelder en is het onder meer de taak van de afdeling Inkoop goed zicht te hebben op de markt.

Hoewel hier dus verschillen zijn, zullen meestal de volgende stappen behoren tot dit deel van het inkoopproces, zie figuur 5.2.

Uiteraard worden niet in alle gevallen alle stappen helemaal doorlopen. Als we dit zouden doen voor de broodjes die we voor de lunch halen, zouden we verhongerd zijn voordat de broodjes kwamen.

FIGUUR 5.2 De stappen 'waar en tegen welke prijs'

De eerste stap is hier genoemd het 'programma van eisen'. Dit is in feite een concrete vertaling van de eisen die het bedrijf stelt aan de te kopen goederen. Dit kunnen kwaliteitseisen zijn, maar bijvoorbeeld ook eisen op het gebied van levertijd en serviceverlening na aankoop. Bij grote inkopen (zeker bij investeringsbeslissingen) zullen ook eisen aan de leverancier als zodanig gesteld worden: 'Hoe is de financiële positie?' en 'Hoe is de reputatie in de markt?' zijn dan vragen die gesteld worden.
Met deze informatie gaan de inkopers op de inkoopmarkt kijken welke potentiële leveranciers in principe in aanmerking komen om de goederen bij te kopen. Zij doen dit op basis van kennis van de inkoopmarkt, ervaringen uit het verleden en de zogenoemde 'inkoopdocumentatie'.
Deze bestaat onder meer uit catalogi van de diverse leveranciers, die zich overigens over de hele wereld kunnen bevinden. Internet speelt hierbij een belangrijke rol. De inkoper zal deze informatie verzamelen en op basis van deze informatie een 'longlist' van mogelijke leveranciers maken. Dit zijn dus   *Longlist*
leveranciers die, op basis van de globale beoordeling en kennis en ervaring uit het verleden, aan het programma van eisen kunnen voldoen. Deze longlist zal maximaal tussen de vijf à tien leveranciers omvatten, al zijn er markten waarop de 'longlist' aanzienlijk korter zal zijn en misschien zelfs wel direct een 'shortlist' zal zijn.

TUSSENVRAAG 5.4
Uit hoeveel mogelijke leveranciers zal de longlist bestaan als KLM haar vloot langeafstandsvliegtuigen wil uitbreiden?

Shortlist

De volgende stap is van de longlist een shortlist te maken. Bij de bedrijven die op de shortlist komen, zullen offertes aangevraagd gaan worden. De beslissing welke bedrijven afvallen, zal in het algemeen genomen worden door minimaal twee medewerkers van de afdeling Inkoop. Gemotiveerd moet worden waarom deze bedrijven afvallen. Er zijn ook situaties waarin er helemaal geen sprake is van een longlist en waarin ook op de shortlist maar één leverancier voorkomt.

TUSSENVRAAG 5.5
In welke situatie staat er bij Instal slechts één leverancier op de shortlist?

De volgende stap is dat de leveranciers die op de shortlist staan, gevraagd worden een offerte uit te brengen. Afhankelijk van het type inkoop zal de offerte relatief simpel zijn tot zeer uitgebreid en gedetailleerd. Ook weer afhankelijk van het type inkoop zal in meer of mindere mate sprake zijn van technische details. Ook kan het voorkomen dat de leveranciers aanvullende informatie kunnen opvragen over het programma van eisen. Potentiële kopers kiezen er nog weleens voor de bedrijven die uitgenodigd zijn tot het maken van een offerte, gelijktijdig uit te nodigen zodat alle potentiële leveranciers dezelfde informatie krijgen.

Offerteregister

Uiteraard moet goed worden bijgehouden aan welke bedrijven een offerte is gevraagd. Dit wordt meestal vastgelegd in een offerteregister. Hierin wordt ook aangetekend welke offertes binnen zijn. Van belang is dat de offertes tot de sluitingsdatum ongeopend blijven om te voorkomen dat medewerkers van de afdeling Inkoop bevriende leveranciers bevoordelen door informatie door te spelen. Bij belangrijke inkopen worden dan de offertes in aanwezigheid van verschillende medewerkers geopend en vindt besluitvorming plaats met welke leverancier in zee wordt gegaan.

Je zult begrijpen dat met inkoop grote belangen gemoeid kunnen zijn. Vandaar dat in bedrijven waar vaak grote inkoopcontracten worden afgesloten, duidelijke spelregels (richtlijnen) aanwezig moeten zijn om een en ander goed te laten verlopen. Hierbij is de integriteit van de mensen op de afdeling Inkoop een belangrijk punt; leveranciers doen er alles aan juist deze functionarissen gunstig te stemmen. Hierbij worden gemakkelijk grenzen overschreden. Zo blijkt uit het volgende citaat van de website NOS.nl (zie kader).

Europese aanbesteding

Overigens gelden voor overheidsinstellingen die vaak hele grote inkopen doen (denk aan wegenbouw, bouw van grote openbare gebouwen) in het kader van Europese regelgeving nog specifieke regels. Deze hebben met name als doel te voorkomen dat 'bevriende' leveranciers worden bevoordeeld doordat die 'automatisch' grote opdrachten krijgen.

Voorlopig eindpunt van het inkoopproces is de beslissing die genomen is om met een bepaalde leverancier in zee te gaan en onder welke voorwaarden. Hierbij willen we twee mogelijke attentiepunten noemen. De eerste is als er inkopen plaatsvinden buiten het eurogebied. Dan zal onderdeel van de beslissing moeten zijn of de inkoop in euro's dan wel in de vreemde valuta plaatsvindt. Feitelijk komt dit neer op de vraag wie het valutarisico loopt: de koper of de leverancier? Voor internationaal opererende bedrijven vloeit hier mogelijk een geldstroom in een vreemde valuta uit voort; deze zal **Treasury-functie** 'beheerst' moeten worden. Dit is de taak van de 'treasury-functie'. Deze functie bespreken we in het volgende hoofdstuk.

● www.nos.nl

Zes ambtenaren vervolgd voor corruptie met politie- en legerauto's

.... Het Openbaar Ministerie gaat twee politiemensen en vier ambtenaren van Defensie vervolgen voor corruptie. Volgens het OM hebben ze gesjoemeld bij de aanbesteding van duizenden politieauto's en auto's voor het leger. .....

Cruise op de Middellandse Zee

De onderzoeken naar de bedrijven lopen nog. Het Openbaar Ministerie beslist later of die 41 verdachten worden vervolgd. De bedrijven hebben de ambtenaren voordeeltjes gegeven, zoals gratis winterbanden, korting op het onderhoud van hun auto en op de huur of lease van auto's. De zes ambtenaren kregen ook buitenlandse reizen aangeboden, zoals cruises op de Middellandse Zee. ....

5

De tweede complicatie is als er sprake is van een inkoopmarkt met sterk wisselende prijzen. Denk aan de KLM die contracten moet afsluiten voor de inkoop van brandstof. Deze prijs wisselt dagelijks en (in het verlengde van de wereldolieprijs) ook heftig. Derhalve kan het op het 'juiste' moment vastleggen van de inkoopprijs grote voordelen (en omgekeerd ook nadelen) met zich meebrengen.

In beide gevallen (zowel valuta als wisselende inkoopprijzen) zal er beleid moeten zijn hoe met de koers- en prijsrisico's om te gaan. Een belangrijke taak van de administratieve organisatie is het bieden van inzicht in de risico's en de eventuele maatregelen die genomen zijn (hedging, termijncontracten en dergelijke).

Dan is nu de fase aangebroken waarin de inkoop wordt geëffectueerd; de 'uitvoering'.

5.1.3   Uitvoering

In figuur 5.1 aan het begin van deze paragraaf is bij het inkoopproces de uitvoering gesplitst in de fasen 'contract' en 'afroep'. Ook hier geldt dat niet in alle gevallen beide fasen aan de orde zullen zijn. Zeker bij een eenmalige inkoop waarbij de goederen snel geleverd worden, zal niet in aanvulling op de offerte een contract worden afgesloten. In andere gevallen zal dit wel gebeuren. Daarom bespreken we hierna twee vormen van contracten die kunnen voorkomen. In alle gevallen zal het belangrijk zijn dat er een actueel inzicht is in de afgesloten contracten en de positie per contract. Hiertoe dient met name het contractenregister, waarin – op de administratie – centraal een registratie plaatsvindt van alle lopende (inkoop)contracten.

Deze twee vormen van contracten zijn:
1 raamcontract
2 afroepcontract

Contracten-register

Ad 1 Raamcontract

Raamcontract

De eerste vorm is het raamcontract. Dit is in feite niets anders dan een contract waarin partijen principeafspraken maken om met elkaar in zee te gaan. Vaak zijn hier bepalingen in opgenomen dat als de afnemer, binnen het raamcontract, bepaalde hoeveelheden afneemt, hij in aanmerking komt

Inkoopbonus

voor een (extra) korting of inkoopbonus. Binnen het raamcontract zullen dan vervolgens weer 'kleinere' inkopen afgesloten worden waarin afspraken gemaakt worden over de te leveren goederen. De concrete bestellingen vinden dan plaats al naar gelang de behoefte. We noemen de partijen waarmee

Preferred suppliers

raamcontracten zijn afgesloten ook wel de 'preferred suppliers'.

Als een raamcontract gekoppeld is aan een periode, bijvoorbeeld een jaar, spreken we ook wel over een jaarcontract. Uiteraard is het zaak dat de administratieve organisatie tijdig onderkent dat een jaarcontract vervalt en dus verlengd moet worden, dan wel dat met een andere leverancier in zee gegaan moet worden.

Ad 2 Afroepcontract

Afroepcontract

Een andere contractvorm is het afroepcontract. Hierbij worden afspraken gemaakt over de totale hoeveelheid af te nemen goederen gedurende een bepaalde periode. De feitelijke leveringen vinden pas later plaats; duidelijk is dat voor deze leveringen geen nieuwe inkopen hoeven te worden afgesloten, maar dat het een afwikkeling is (afroep) van het afgesloten contract. Deze contractvorm stelt de administratieve organisatie soms voor specifieke vragen, bijvoorbeeld wanneer er sprake is van boetes als niet alle artikelen zijn afgenomen.

TUSSENVRAAG 5.6

Welke informatie moet de administratieve organisatie opleveren om boetes bij een afroepcontract te voorkomen?

De tweede fase van de uitvoering is de afroep, ook wel de feitelijke bestelling genoemd. Hierbij worden concrete afspraken met de leverancier gemaakt dat op een bepaald moment een bepaalde hoeveelheid goederen wordt afgeleverd. Bij kleinere inkopen kunnen alle voorgaande fasen misschien niet aan de orde zijn, maar deze stap zal altijd genomen moeten worden. Want, door de feitelijke bestelling ontstaat ook de verplichting om tot betaling van de geleverde goederen over te gaan. Zeker als er geen offertes en contracten aan voorafgaan, betekent dit dat er duidelijke richtlijnen binnen het bedrijf moeten zijn: welke medewerkers mogen bestellen en op grond waarvan?

De feitelijke inkoop zal gedaan worden door de afdeling Inkoop; deze legt de bestelde hoeveelheden en de prijzen vast in het geautomatiseerde systeem.

TUSSENVRAAG 5.7

Waarom is deze informatie over de inkoop voor de afdeling Administratie van belang?

5.1.4　Afwikkeling

De laatste fase in het inkoopproces is de afwikkeling. Hierbij is de rol van de afdeling Inkoop uitgespeeld en komen er andere afdelingen aan de orde.

TUSSENVRAAG 5.8
Waarom gebeurt het resterende deel van het inkoopproces door andere afdelingen?

In figuur 5.1 is vermeld dat in de fase van de afwikkeling de stappen 'goederenontvangst' en 'factuur' aan bod komen. We gaan deze stappen nu verder bekijken.

De goederenontvangst vindt plaats door het magazijn. Bij grote bedrijven met enorme goederenstromen kan dit door een aparte 'ontvangstafdeling' gebeuren. In beide gevallen zullen de ontvangen goederen gecontroleerd moeten worden. Bij goederenontvangst komen de volgende stappen aan de orde:
1 controleren of de goederen zijn besteld
2 controleren of de bestelde goederen geleverd zijn
3 kwaliteitscontrole

Ad 1 Controleren of de goederen zijn besteld
De eerste stap bij goederenontvangst is controleren of de goederen wel besteld zijn. Hiertoe zal het magazijn de beschikking moeten hebben over informatie over de lopende bestellingen. Vervolgens telt een medewerker magazijn de ontvangen goederen en legt dit vast in de voorraadadministratie. Om te waarborgen dat er zorgvuldig geteld wordt, heeft het de voorkeur dat de magazijnmedewerker niet precies weet hoeveel goederen er besteld zijn. Het invoeren in het systeem kan vergemakkelijkt worden door bijvoorbeeld met handscanners te werken. Het systeem 'matcht' de ontvangst met de bestelling en geeft een signaal als er sprake is van een verschil.
Als er te veel goederen ontvangen zijn, of zelfs goederen die niet besteld zijn,   **Retouren**
zal er besloten moeten worden of de goederen worden gehouden of worden teruggezonden. In dat laatste geval spreken we van retouren. In beide gevallen zal er contact zijn tussen de afdeling Inkoop en de leverancier.

Ad 2 Controleren of de bestelde goederen geleverd zijn
De tweede stap bij goederenontvangst is controleren of de bestelde goederen wel allemaal geleverd zijn, met andere woorden, is niet te weinig geleverd? In dat geval spreken we van een manco. Ook nu zal er contact moeten   **Manco**
worden opgenomen met de leverancier.

Ad 3 Kwaliteitscontrole
De volgende stap bij goederenontvangst is een kwaliteitscontrole. Zijn de goederen niet beschadigd dan wel zijn de goederen van de afgesproken kwaliteit? Zeker in de gevallen waarin dit niet eenvoudig vastgesteld kan worden, zal hier een aparte afdeling, de afdeling Kwaliteitscontrole of bijvoorbeeld een laboratorium, aan te pas komen. De mensen op deze afdeling zullen de 'technische' kwaliteit controleren.

Hierna volgt kort een paar woorden over 'natuurproducten'. In dit geval is het niet altijd mogelijk vooraf te bepalen wat de kwaliteit van de te ontvangen goederen zal zijn. Denk hierbij aan een partij sinaasappelen die door een fabriek van jus d'orange wordt ingekocht of aan een oogst koffie die door een koffiebranderij wordt afgenomen. In contracten voor dergelijke goederen komen vaak prijsclausules voor waarbij de definitieve prijs wordt vastgesteld aan de hand van de feitelijk geleverde goederen. Het zal duidelijk zijn dat een goede kwaliteitscontrole bij ontvangst dan van groot belang is.

Als al deze stappen achter de rug zijn, kunnen de goederen definitief in ontvangst worden genomen en, indien sprake is van een aparte ontvangstafdeling, aan het magazijn worden overgedragen. In de volgende paragraaf gaan we in op een aantal aspecten van het voorraadproces.

Administratief zijn er nu twee gegevens vastgelegd in het computersysteem. Het eerste is de bestelling door de afdeling Inkoop en de tweede is de ontvangst door het magazijn (of de ontvangstafdeling).

Wat nog ontbreekt is de inkoopfactuur. Deze wordt door de leverancier verstuurd en zal vanwege de noodzakelijke functiescheiding worden verwerkt op de financiële administratie. Hierbij vindt een zogenoemde 'three-way-match' plaats. Dit betekent niets anders dan dat de factuur vergeleken wordt met de bestelling en met de goederenontvangst. Dit kan geautomatiseerd plaatsvinden. Het computersysteem matcht de gegevens van de bestelling, de ontvangst en de factuur. Alleen als het niet klopt, komt er een melding. Klopt het wel, dan is de factuur goedgekeurd en kan op de vervaldatum worden betaald. De betaling bespreken we in het volgende hoofdstuk, als we het gaan hebben over het financieel-administratief proces.

Three-way-match

In deze paragraaf hebben we ons beziggehouden met de inhoud van het inkoopproces. We hebben dit proces bijna helemaal gevolgd: van de start (de impuls) tot het einde (verwerking van de factuur; alleen de betaling ontbreekt nog). We noemen dit 'from cradle to grave'. Hoewel we op een aantal aspecten een uitstapje naar de administratieve organisatie gemaakt hebben, met name het element functiescheiding, zijn we in deze paragraaf slechts algemeen op het inkoopproces ingegaan. Het is de taak van de administratieve organisatie het inkoopproces zo in te richten, met alle mogelijke bijzonderheden waarvan er een paar in deze paragraaf zijn genoemd, dat de bestuurlijke informatievoorziening gewaarborgd is. Hoe dit gebeurt voert in het kader van dit inleidende boek te ver.

Wij gaan ons nu bezighouden met het voorraadproces.

▬5.2 Voorraadproces

Vergeleken met de andere twee processen van het handelsbedrijf die we in dit hoofdstuk bespreken, is het voorraadproces een beperkt proces. We kunnen ons afvragen of er wel sprake is van een proces. Het is eigenlijk een rustpunt tussen de inkoop en de verkoop. Hier geven inkoop en verkoop de 'stromen' weer en het magazijn (letterlijk) de voorraad. Je zou zelfs zover kunnen gaan dat de functie van het magazijn niets anders is dan de goederen netjes bewaren tussen moment van binnenkomst (als onderdeel van inkoop) en moment van 'vertrek' van de goederen (als onderdeel van verkoop). Toch valt er wel, vanuit de administratieve organisatie, het een en ander over te zeggen. Hierbij gaan we eerst in op de soorten magazijnen die we kennen, vervolgens op de voorraadadministratie en tot slot op de controle van de voorraad.

5.2.1   Soorten magazijnen
Uit oogpunt van administratieve organisatie is het van belang hoe de magazijnfunctie is ingericht.

CASUS 5.1

Garagebedrijf Keep-on-rolling

Keep-on-rolling is een garagebedrijf dat is gespecialiseerd in oude Amerikaanse auto's. Naast een receptie en werkplaats is er een magazijn waar de goederen opgeslagen liggen. Dit betekent dat de monteurs voor elk onderdeel dat zij nodig hebben, een bon moeten invullen. Daarna gaan zij naar het magazijn, waar een balie is waar zij zich melden. Zij mogen niet zelf het magazijn in: dat is het territorium van de magazijnmeester, een streng uitziende man die waakt over zijn voorraden als een moeder gans over haar jongen. Voor elk artikel, maakt niet uit of het een schroefje type 36B4 is (inkoopwaarde €0,02) of een startmotor Chevrolet Impala (inkoopwaarde €650), moet er een bon zijn. Op basis van deze bon gaat de magazijnmeester de goederen uit het schap halen, verwerkt dit in de administratie en geeft ze dan af.

Is wat hier beschreven is handig? Ja en nee. Ja voor de dure artikelen, nee voor de schroefjes en moertjes. We zijn hier beland bij de keuze voor een open dan wel gesloten magazijn. Hierbij moet onderscheid gemaakt worden in administratief en technisch open dan wel gesloten. Technisch open of gesloten wil zeggen of het magazijn vrij toegankelijk is voor iedereen of niet. In het voorbeeld was het magazijn technisch gesloten. Zeker bij dure artikelen zal dit meestal zo zijn. Niet iedereen kan zomaar het magazijn binnenlopen. Dat wil zeggen via de voordeur. De achterdeur blijkt nog weleens open te staan, maar dat is natuurlijk geen gewenste situatie.

Open magazijn
Gesloten magazijn

Administratief open of gesloten wil zeggen of elke individuele transactie (ontvangst of afgifte) wordt geregistreerd of niet. In het voorbeeld was (in ieder geval bij de afgifte) ook sprake van een administratief gesloten magazijn. Want, voor elke schroef moest een bon zijn. Hoewel theoretisch alle vier de combinaties uit de matrix in figuur 5.3 mogelijk zijn, zullen de varianten B en C minder vaak voorkomen.

FIGUUR 5.3 Typen magazijnen

		Administratief	
		Open	Gesloten
Technisch	Open	A	B
	Gesloten	C	D

In de praktijk zien we dan ook meestal combinatie A of combinatie D. In lijn met het voorbeeld van garagebedrijf Keep-on-rolling zullen in het open magazijn de minder dure artikelen liggen en in het gesloten magazijn de meer waardevolle artikelen. Variant A wordt ook wel 'grijpvoorraad' genoemd; iedereen kan daar de artikelen pakken die men nodig heeft. In veel bedrijven is de voorraad kantoorartikelen zo'n grijpvoorraad.

Grijpvoorraad

TUSSENVRAAG 5.9
Wat is het nadeel van een grijpvoorraad?

Natuurlijk zijn er variaties mogelijk op de inrichting en de bewaking van de magazijnen, afhankelijk van de artikelen waar we het over hebben. De voorraad goud bij De Nederlandsche Bank ligt niet in 'zomaar' een gesloten magazijn, maar veilig in een kluis, omgeven door strikte procedures wie daar wel (en vooral ook niet) in mag. Ook zal de voorraad briljanten bij een juwelierszaak extra beveiligd zijn.
Maar de voorraad zand bij een wegenbouwer zal niet in een magazijn liggen, die ligt buiten op 'bergen'. Dat er bij een flinke storm wat kan wegwaaien weegt niet op tegen de kosten om het zand overdekt op te slaan.

Tot slot kunnen er technische eisen aan het magazijn gesteld worden: een voorraad diepvriestaarten ligt in vriescellen en in ziekenhuizen zullen bepaalde voorraden steriel bewaard worden. Kortom: er zijn veel soorten magazijnen.

5.2.2 Voorraadadministratie

Voorraad-
administratie

Handelsbedrijven zullen een voorraadadministratie hebben. Deze heeft verschillende doelstellingen, waarvan we er hier twee bespreken.

Inzicht in de hoogte van de voorraad

De eerste is inzicht in de hoogte van de voorraad. Zowel voor de inkoop (moet er besteld worden?) als voor de verkoop (kan er geleverd worden?) is het handig als de inkoper respectievelijk verkoper in de administratie (op zijn beeldscherm) kan zien hoeveel voorraad er ligt. Niet handig zou zijn als de verkoper elke keer naar het magazijn moet lopen om daar te gaan kijken wat er ligt. Zeker niet als het een technisch gesloten magazijn is en de verkoper dus aan de magazijnmeester moet vragen of die even wil gaan kijken.

Dit stelt eisen aan de informatie die uit de voorraadadministratie komt. In de literatuur worden vier soorten voorraadadministraties onderscheiden, waarvan we er hier drie kort bespreken en de vierde, administratie per partij, voor de volledigheid alleen maar noemen. De drie typen voorraadadministratie zijn:
1 in totalen
2 per soort
3 per stuk

Ad 1 In totalen
In kleinere bedrijven komt het nog voor dat de voorraadadministratie in totalen is. Dit houdt in dat in de boekhouding de totale voorraad vastligt in een bedrag. De totale voorraad is bijvoorbeeld €372.567,15. Om dan te kunnen zien of een bepaald artikel in voorraad is, heb je niets aan de administratie. Je zult echt naar de voorraad zelf moeten kijken.

Ad 2 Per soort
De voorraadadministratie per soort komt veel voor bij gesloten magazijnen. Dan is per soort artikel bekend hoeveel stuks er (moeten) zijn met daarnaast de geldswaarde. Bij Instal bv beslaat de voorraadadministratie dus 8.000 artikelen. Deze soort voorraadadministratie komt het meeste voor, bijvoorbeeld ook in supermarkten waar elk artikelsoort een unieke barcode heeft.

Ad 3 Per stuk

Nog een stap verder gaat de voorraadadministratie waarbij elk artikel per stuk in de administratie staat. Dus niet 'er zijn zes artikelen van type A aanwezig', maar elk artikel staat dan individueel geregistreerd. Dit kan natuurlijk alleen maar als elk artikel ook uniek 'identificeerbaar' is. Een bekend voorbeeld is de voorraad auto's bij een autodealer. Elke auto is uniek (chassisnummer) en dat vormt dan ook de basis voor de voorraadadministratie.

Het laatste type voorraadadministratie, dat we verder niet behandelen, is de administratie per partij. Deze komt vooral voor bij de eerdergenoemde natuurproducten (sinaasappelen, koffie).

De tweede doelstelling is controle op de voorraad. Want de administratie zegt niet zozeer wat er ligt, maar wat er zou moeten liggen. Door vervolgens de voorraad te tellen (zie volgende paragraaf) wordt gecontroleerd of dat klopt. Bij administratieve organisatie is het altijd goed stil te staan bij de vraag 'wie wordt gecontroleerd?' In dit geval is dat de magazijnmeester, want die is verantwoordelijk voor de bewaring van de goederen, met andere woorden, raakt er niets kwijt.

Controle op de voorraad

Is het dan niet vreemd dat de magazijnmeester het aantal goederen dat hij ontvangt invoert in de voorraadadministratie, zoals we bij het inkoopproces gezien hebben?
Dat lijkt wel zo: want de magazijnmeester wijzigt bij ontvangst de aantallen in de voorraadadministratie terwijl die aantallen later gebruikt gaan worden om hem te controleren. Gelukkig is dit binnen een goede administratieve organisatie goed geregeld. De aantallen die hij bij ontvangst invoert, worden in het systeem vergeleken met de bestelde aantallen (ingevoerd door afdeling inkoop) en de aantallen op de inkoopfactuur (ingevoerd door de administratie). Dus als de magazijnmeester lagere aantallen invoert omdat hij een aantal artikelen mee naar huis neemt, valt dat op. In de volgende paragraaf zullen we zien dat aan de verkoopkant ook een dergelijke waarborg zit. Andere wijzigingen aanbrengen in de voorraadadministratie (bijv. voorraadverschillen afboeken) mag de magazijnmeester nadrukkelijk niet!

5.2.3 Controle van de voorraad

Hiervoor hebben we al stilgestaan bij de controle op de voorraad. Want, een van de functies van de voorraadadministratie is aangeven wat er in voorraad moet liggen. Daarna gaat iemand controleren of datgene wat er volgens de administratie moet liggen, er ook daadwerkelijk ligt. We noemen dit ook wel inventarisatie. Zeker zo rond de jaarwisseling zien we op winkels wel eens staan 'gesloten wegens inventarisatie'. Dan wordt de voorraad dus gecontroleerd. Bij een winkel die gesloten is zal sprake zijn van het tellen van de hele voorraad. We noemen dit wel een integrale inventarisatie.

Integrale inventarisatie

Makkelijker (en beter voor de handel) is als niet de hele voorraad in één keer geteld wordt, maar bijvoorbeeld elke maand een deel van de voorraad. Dan hoeft de winkel ook niet dicht. Deze vorm van inventariseren heet, partieel roulerend.

Partieel roulerende inventarisatie

Welke wijze van inventariseren wordt toegepast hangt van verschillende factoren af, waaronder de omvang van de voorraad, maar ook van het type voorraadadministratie. Bij een voorraadadministratie in totalen kun je alleen maar integraal inventariseren. Omgekeerd: om partieel roulerend te

Afloopcontrole

kunnen inventariseren, is een voorraadadministratie per soort nodig. Bij een voorraadadministratie per stuk hoeft eigenlijk niet geïnventariseerd te worden. Hier kan gecontroleerd worden of het betreffende artikel inmiddels verkocht is. Dit noemen we afloopcontrole.

Pijplijn

Inventariseren is trouwens een ingewikkelde klus. Het lijkt zo makkelijk, je kijkt in de voorraadadministratie en gaat daarna het magazijn in. Hierbij spelen twee problemen. De eerste is het zogenoemde 'pijplijnprobleem'. Hiermee bedoelen we transacties vlak voor het moment van inventariseren die nog 'in de pijplijn zitten'. Bijvoorbeeld, een goederenontvangst die al wel is ingeboekt, maar de goederen staan nog ergens apart in het magazijn en zijn nog niet op hun definitieve plaats (locatie) opgeslagen. Het tweede is een probleem dat samenhangt met productkennis, zowel technisch (is het nu startmotor Chevrolet of startmotor Ford?) als technisch-administratief (is het artikel 'luidsprekers autoradio' nu per set van twee of per stuk?).

Hoewel het magazijnproces in vergelijking met inkoop en verkoop minder groot is, is het binnen een handelsbedrijf wel belangrijk omdat in het magazijn de goederen bewaard worden. Daarom hebben we stilgestaan bij de soorten magazijnen, de soorten voorraadadministraties en de controle op de voorraden (inventarisatie).
Als laatste gaan we kijken naar het proces binnen een handelsbedrijf waar het geld verdiend moet worden: het verkoopproces.

5.3 Verkoopproces

We zijn nu aanbeland bij het verkoopproces. We behandelen dit proces aan de hand van een stappenschema zoals we ook bij de inkoop hebben gedaan. Vooraf is het echter belangrijk even bij het volgende stil te staan.
In hoofdstuk 4 zijn we ingegaan op de typologie. Daarbij hebben we gezien dat er bij handel, waar we in dit hoofdstuk van uitgaan, sprake is van twee varianten. Dat is 'handel met verkoop op rekening' en 'handel met contante verkoop'. In dit hoofdstuk gaan we in op de eerste variant. Het proces bij contante verkoop loopt voor een belangrijk deel fundamenteel anders, waarbij er processtappen zijn die 'op rekening' niet kent en omgekeerd.
In figuur 5.4 zijn de stappen van het verkoopproces verkoop op rekening opgenomen.

FIGUUR 5.4 De fasen in het verkoopproces

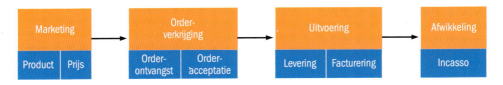

5.3.1   Marketing
Voordat een bedrijf met de verkoop kan starten, zullen er eerst een paar vragen beantwoord moeten worden. Dit is het vakgebied van de marketing, waarin de zogenaamde vier P's centraal staan (zie figuur 5.5).

FIGUUR 5.5 De 4 P's

Bij de 4 P's gaat het om de volgende beslissingen:
1 *Product.* Welke producten gaan we verkopen?
2 *Prijs.* Welke prijs gaan we ervoor vragen?
3 *Plaats.* Waar gaan we de producten aanbieden?
4 *Promotie.* Welke middelen gaan we gebruiken om ons product onder de aandacht te brengen?

Het model van de 4 P's wordt ook wel de marketingmix genoemd. Op welke wijze de beslissingen genomen worden en met welke omstandigheden rekening moet worden gehouden, is onderdeel van het vakgebied 'commerciële economie'. Binnen (grote) bedrijven is dit het terrein van de marketingafdeling. Deze afdeling moet overigens goed onderscheiden worden van de verkoopafdeling ('sales'), waar het om de concrete orderverwerving gaat. Bij veel kleinere bedrijven zijn deze functies niet in aparte afdelingen ondergebracht.

In het kader van administratieve organisatie willen we even stilstaan bij de eerste twee P's: product en prijs. We kijken hiervoor terug naar de openingscasus Instal bv. Daar was maar liefst sprake van 8.000 artikelen. Van al deze artikelen moet besloten worden 'blijven/gaan we ze voeren?' en 'welke prijs gaan we vragen?'.
Dit vraagt om een actief beheer van het artikelbestand. Dit is een zogenoemd stambestand Dit zijn bestanden in het geautomatiseerde systeem waarin de vaste gegevens vastliggen van, in dit geval, artikelen. Tot deze vaste gegevens behoren zaken als artikelnummer, artikelomschrijving en verkoopprijs. Het is belangrijk dat dit bestand goed beveiligd is, zodat niet elke medewerker artikelen kan toevoegen, verwijderen of wijzigen.
In het kader van de administratieve organisatie gaat het met name om het beheer van dit stambestand. Zowel de vraag wie de beslissingen mag nemen deze vaste gegevens te wijzigen, als hoe te waarborgen dat het stambestand juist blijft, zijn van belang.

Artikelbestand

Stambestand

De eerste vraag zijn we ook al in subparagraaf 5.1.1 tegengekomen. Het in het assortiment opnemen van het artikel hangt natuurlijk nauw samen met het voor de eerste keer inkopen. Daarnaast moet er echter ook aandacht zijn voor de vraag of artikelen uit het assortiment gehaald moeten worden. Dit signaal zal vooral vanuit verkoop(gegevens) komen. Artikelen met een te lage omloopsnelheid (er wordt te weinig van verkocht) of artikelen waarop geen winstmarge te behalen valt (concurrenten bieden ze goedkoper aan) zullen in aanmerking kunnen komen om uit het assortiment gehaald te worden. Beslissingen over de prijs zullen in nauw overleg tussen marketing en verkoop genomen worden. Hierbij is het overigens niet zo dat de prijs voor altijd vaststaat. Naast periodieke prijsverhogingen vinden we bij veel bedrijven bijzondere acties. Dit kunnen (tijdelijke) kortingen zijn, speciale prijsaanbiedingen bij afname van meer (dezelfde) producten, speciale prijsaanbiedingen bij combinaties van producten enzovoort. Het is belangrijk op te merken dat de creativiteit van marketingafdelingen in het gevecht om het marktaandeel nauwelijks grenzen kent. Het is de taak van de administratieve organisatie dit allemaal zo te organiseren dat de sturing en beheersing goed verlopen. Al deze tijdelijke wijzigingen zullen op een juiste manier in het stambestand verwerkt moeten worden.

Controletotalen Om deze reden zullen maar enkele medewerkers rechten hebben het artikelbestand te wijzigen. Daarnaast kan de juistheid van het artikelbestand bewaakt worden door middel van zogenoemde controletotalen. Dit is bijvoorbeeld het totaal van alle prijzen. Dit getal zegt op zich niets, maar als het wijzigt is dat een signaal dat er een prijs is gewijzigd. Deze maatregelen zijn van belang omdat een foute prijs tot veel ellende kan leiden. Zo staan er op internet tal van voorbeelden van foute prijzen bij webshops.

● www.secuity.nl

Vraag: Via een webshop had ik een monitor gekocht voor 670 euro. Een dag later kreeg ik een mail dat de koop werd geannuleerd omdat men een typefout had gemaakt: de monitor had 760 euro moeten kosten. Mag dat zomaar?
Antwoord: Nee, dat mag niet zomaar. Wanneer de winkel een aanbod doet dat er redelijk uitziet, en jij daarop ingaat, dan is daarmee een overeenkomst gesloten. De winkel mag dat aanbod niet herroepen door te zeggen dat er een typefout gemaakt is. Alleen als de typefout zo evident is dat jij had moeten snappen dat het aanbod niet legitiem was (bijvoorbeeld diezelfde monitor voor 67 euro), dan mag de winkel annuleren. De algemene voorwaarden kunnen hier niets aan veranderen.

10 februari 2011

5.3.2 Orderverkrijging
Het is nu zover dat er verkooptransacties kunnen plaatsvinden. Hiervoor krijgen we een order van een klant. We gaan eerst bespreken hoe dit gebeurt, daarna besteden we aandacht aan het accepteren van de order of niet.

Orderontvangst
Na de vorige stap is bekend welke artikelen we gaan voeren en tegen welke prijs. Nu is het een kwestie van orders scoren. De tijd dat bedrijven bij de telefoon konden blijven zitten en afwachten tot de orders vanzelf binnenkwamen, is voorbij. De verkopers ('sales force') zullen actief op zoek moeten naar klanten en orders. Bewust wordt hier het onderscheid gemaakt tussen klanten en orders. Wat we veel zien, is dat verkoopafdelingen jagen op nieuwe klanten terwijl ze nog lang niet het maximale 'halen uit' bestaande klanten. Dat wil zeggen, met meer inspanning, meer oog voor de wensen van de klant kan er meer verkocht worden aan bestaande klanten. Hiervoor is het

van belang de relatie met de klant goed te beheren. We noemen dit tegenwoordig ook wel Customer Relation Ship Management CRM. Hiervoor zijn softwaresystemen beschikbaar, die het beheer van de relatie met de klant onderhouden. Hierin wordt alle relevante informatie over de klantrelatie opgenomen, zoals orderhistorie, activiteiten, gespreksverslagen, relevante ontwikkelingen bij de klant enzovoort.

CRM

Voordat we het proces gaan vervolgen, namelijk de klant gaat een order plaatsen, is het goed stil te staan bij het volgende. In de vorige fase (marketing) is aandacht besteed aan product en prijs. Hierbij hebben we gezien dat er bij prijs veel variaties mogelijk zijn, met name op het gebied van acties en aanbiedingen.
We gaan het nu nog wat complexer maken, want niet alle klanten betalen dezelfde prijs. Zo zullen grote klanten in het algemeen hogere kortingen krijgen. Deze kortingen kunnen afhangen van de soorten producten, maar bijvoorbeeld ook van de hoeveelheden per afname (kwantumkortingen). Ook kunnen er jaarafspraken gemaakt worden: als een afnemer per jaar een bepaald bedrag besteedt, wordt er een hogere korting verleend. Ook hier zijn dus onbegrensde mogelijkheden om de juiste klanten te trekken en te binden en om die zoveel mogelijk producten te laten afnemen.

5

Het is dus niet alleen zaak het artikelbestand goed te beheren (met alle bijzonderheden op artikelniveau) maar ook het klantenbestand, waarin de (kortings)afspraken zijn vastgelegd. Hierbij geldt, hoe ingewikkelder de kortingenstructuur is, hoe lastiger deze te organiseren is. Dit geldt zeker niet alleen voor handelsbedrijven. Denk in dit kader eens aan de tarievenstructuur bij een luchtvaartmaatschappij: op een toestel met ongeveer 100 stoelen zijn er misschien wel 25 of nog meer verschillende prijzen betaald door de verschillende passagiers, afhankelijk van type ticket, wanneer besteld, frequent flyer, boeking via internet of niet, boeking als onderdeel van een all-inreis of niet enzovoort. Aan de administratieve organisatie de taak gegevensvastlegging en -verwerking zodanig te regelen dat alles goed verloopt.

Maar goed, laten we ervan uitgaan dat alle stappen die we hier beschreven hebben, doorlopen zijn en er een klant bereid is een order te plaatsen.

Orderacceptatie

Voordat de vlag definitief uit kan, moet de order geaccepteerd worden. We noemen dit de fase van orderacceptatie. Hierbij spelen twee vragen een rol:
1 Willen we de order accepteren?
2 Kunnen we de order accepteren?

Ad 1 Willen we de order accepteren?
De vraag of we de order willen accepteren lijkt een wat vreemde, nadat we gezien hebben wat er allemaal bij komt kijken voor we zover zijn dat een order ontvangen wordt. Maar bij nader inzien is deze vraag zo vreemd nog niet, want waar het hier om gaat, is de vraag of de (potentiële) klant wel kan betalen. We noemen dit ook wel een kredietwaardigheidscontrole. Voor bestaande klanten is deze vraag makkelijker te beantwoorden dan voor een klant die voor de eerste keer gaat bestellen. Bij bestaande klanten kunnen we naar de betalingsgeschiedenis kijken en nagaan of de klant op dit moment aan zijn kredietlimiet zit of dat hij te laat is met betalen (de kredietermijn is overschreden). Voor iedere klant zal bepaald moeten worden wat de

Kredietwaardigheid

Kredietwaardigheidscontrole

Kredietlimiet
Krediettermijn

maximale omvang van het krediet is (kredietlimiet) en binnen welke termijn nota's betaald moeten zijn (krediettermijn).

Voor nieuwe klanten is deze informatie natuurlijk niet aanwezig. Daarom zal naar andere bronnen gezocht moeten worden om een beeld te krijgen van die kredietwaardigheid. Zo kan bij de Kamer van Koophandel een jaarrekening worden opgevraagd. Ook kan gebruikgemaakt worden van de diensten van gespecialiseerde bureaus die kredietinformatie verstrekken. Het kan geen kwaad dergelijke informatie periodiek ook van bestaande klanten op te vragen.

Naast de vraag van kredietwaardigheid kunnen er ook andere redenen zijn om niet met een bepaalde potentiële klant in zee te willen gaan. Hierbij komen zaken als integriteit en reputatie om de hoek kijken. Zo komen minder 'bonafide' ondernemers (zeg maar minder nette ondernemers, die het niet zo nauw nemen met bijvoorbeeld wetgeving) voor, waarmee het bedrijf misschien geen zaken wil doen.

Ad 2 Kunnen we de order accepteren?
De vraag of we de order kunnen accepteren hangt ook samen met de vraag of aan de wensen van de klant voldaan kan worden. Zeker als je, zoals bij Instal bv, bepaalde beloftes doet (vandaag besteld, morgen geleverd) is het van belang dat de goederen beschikbaar zijn en dat voldaan kan worden aan de gewenste levertijd. Als dit niet gaat lukken, kun je de klant hier maar beter op wijzen voordat hij teleurgesteld raakt in het niet nakomen van beloften. Om dit deel van de vraag te kunnen beantwoorden, speelt de voorraadadministratie, waar we in de vorige paragraaf mee kennisgemaakt hebben, een belangrijke rol. Mocht een klant willen wachten tot wel geleverd kan worden, dan ontstaat er een zogenoemde backorder, dat wil zeggen een order die 'in de wacht staat' totdat weer geleverd kan worden. Het zal duidelijk zijn dat ook de lopende orders en eventueel uitstaande backorders uit de voorraadadministratie moeten blijken, om over de juiste informatie te kunnen beschikken.

Backorder

Als alle seinen op groen staan, kan de order genoteerd worden en kunnen de goederen verstuurd worden en kan er ook gefactureerd worden.

5.3.3 Uitvoering

Zoals gezegd is, bestaat de uitvoering van het verkoopproces uit twee onderdelen: het versturen van de factuur en het versturen van de goederen. In dit verband is het zinvol na te denken over de vraag wat eerst gemaakt wordt: de goederenzending of de factuur. We maken hierbij het volgende onderscheid:

Voorfacturering
- *Voorfacturering*. Eerst wordt de factuur gemaakt; op grond daarvan worden de goederen klaargezet voor verzending.

Nafacturering
- *Nafacturering*. Eerst worden de goederen klaargezet voor verzending, daarna wordt de factuur gemaakt.

Uit het oogpunt van administratieve organisatie heeft voorfacturering de voorkeur. Centraal punt is namelijk dat alle goederen die geleverd worden, ook gefactureerd worden (volledigheid van de omzet). Door nu in de processen in te bouwen dat goederen pas geleverd mogen worden als er al een factuur is, wordt dit risico ondervangen. Omgekeerd namelijk is het risico aanwezig dat goederen wel verstuurd worden maar dat 'vergeten' wordt te factureren. Het is niet in alle gevallen mogelijk om voorfacturering toe te passen.

In beide gevallen moeten de goederen uit het magazijn gehaald worden en klaargezet worden voor verzending. Dit mag de magazijnmeester alleen op basis van de juiste informatie doen. Deze informatie is óf de order (bij nafacturering) óf de factuurinformatie (bij voorfacturering). Zonder dergelijke input mogen geen goederen uit het magazijn gehaald worden. De magazijnmeester heeft immers alleen als taak de goederen te bewaren. De magazijnmeester zal vervolgens het aantal verzonden artikelen in het systeem vastleggen. Hierbij vindt er een geautomatiseerde controle plaats of dit aantal overeenstemt met de order.
We gaan er voor het gemak van uit dat het transport is uitbesteed aan een transportbedrijf (weinig bedrijven doen dit tegenwoordig nog zelf). Daarnaast zal de factuur naar de klant gestuurd worden. Dit kan per post maar tegenwoordig zien we steeds meer e-facturering. Bij het aanmaken van de factuur is ook de debiteurenadministratie bijgewerkt.

Bij de klant zal hetzelfde proces zich nu gaan afspelen als we hiervoor bij inkoop hebben besproken. Dit betekent dat het mogelijk is dat de klant niet akkoord gaat met de zending en goederen retour wil zenden. Dan zal de klant contact opnemen met de verkoopafdeling, die afspraken met de klant zal maken. De magazijnmeester zal de retourzendingen ontvangen en hier melding van maken.

5.3.4 Afwikkeling

De laatste fase van het verkoopproces is het incasseren van het geld. Want, de factuur is verzonden, maar uiteindelijk moet de klant betalen. Aangezien het zorgen voor het incasseren van het geld zich op de debiteurenadministratie afspeelt, komt dit onderwerp, net als het betalen van de inkoopfacturen, aan de orde in het volgende hoofdstuk als we het financieel-administratieve proces gaan bespreken.

In deze paragraaf hebben we de stappen van het verkoopproces besproken. Dit hebben we gedaan op basis van een handelsbedrijf dat op rekening verkoopt. Aan het begin van deze paragraaf hebben we geconstateerd dat bij bedrijven die contant verkopen het verkoopproces anders loopt: bepaalde stappen zullen er misschien zelfs helemaal niet zijn en daarnaast zullen er weer andere processtappen zijn.

Samenvatting

In dit hoofdstuk hebben we ons gericht op de beschrijving van de primaire processen binnen een bedrijf met als typologie 'handel met verkoop op rekening'. Hierbij hebben we de processtappen van inkoop, magazijn en verkoop doorlopen. Hoewel de primaire insteek is geweest te bekijken wat voor activiteiten zich in een dergelijk proces afspelen, hebben we ook korte uitstapjes gemaakt naar de administratieve organisatie.

Vraagstukken

V5.1 Bij een jonge, snelgroeiende handelsorganisatie kunnen aannemers, loodgieters, installateurs enzovoort technische materialen bestellen die gegarandeerd binnen 24 uur worden afgeleverd. De materialen variëren van spijkers en schroeven tot hoogwaardige, dure materialen als speciale boren en andere gereedschappen.

Omdat leverbetrouwbaarheid voorop staat, is nooit veel aandacht besteed aan het inkoopproces. Het belangrijkste was dat de goederen er waren. Dit heeft tot de situatie geleid dat verschillende medewerkers inkooporders plaatsen bij bevriende leveranciers, waardoor de voorraad uit de hand dreigt te lopen. Ook wordt de organisatie vaak gebeld door leveranciers die zeggen dat hun facturen niet betaald zijn. Het uitzoeken hiervan vergt veel tijd.

De directeur vraagt u een adequate inkoopprocedure te ontwikkelen, waarmee de volgende doelen bereikt moeten worden:
- Inkoop zo mogelijk bij een beperkt aantal leveranciers om zo kortingen te kunnen bedingen.
- Beheersing van de voorraad.
- Up-to-date crediteurenadministratie.

V5.2 Geef gemotiveerd aan welke drie typen voorraadadministratie gevoerd zullen worden in een autobedrijf waarin zowel verkoop van nieuwe en gebruikte auto's plaatsvindt als reparatiewerkzaamheden. Geef in de motivering weer voor welk type product welk type voorraadadministratie gebruikt wordt.

V5.3 Zowel een internetwinkel als een warenhuis levert aan consumenten. Geef gemotiveerd aan op welke punten het verkoopproces in de beide typen overeenkomt en op welke punten die verschilt. Geef hierbij aan welke stappen uit oogpunt van administratieve organisatie 'kritisch' zijn. Gebruik hierbij de indeling van het verkoopproces zoals deze in dit hoofdstuk is gehanteerd.

6

Handel op rekening: de ondersteunende processen (2)

In hoofdstuk 5 hebben we concreet gekeken naar de processtappen binnen een aantal primaire processen. We hebben dit gedaan aan de hand van de handelsonderneming Instal bv, waarin we de primaire processen inkoop, magazijn en verkoop hebben behandeld.

In dit hoofdstuk gaan we in op een drietal ondersteunende processen binnen Instal bv. Dit zijn het personeelsproces, het financieel-administratief proces en de IT. Deze ondersteunende processen zullen in elke organisatie voorkomen. Bij het personeelsproces gaat het erom wat komt kijken bij de administratieve organisatie in het proces van mensen in dienst nemen en salaris betalen. Het personeelsproces heeft dus financiële gevolgen (salarissen). Ook de primaire processen, die we in het vorige hoofdstuk hebben besproken, leiden tot financiële stromen. Hoe al deze financiële stromen te beheersen en wat daarbij komt kijken, komt ook in dit hoofdstuk aan de orde. We zullen zien dat dit een aantal elementen in zich heeft, van het zuivere registreren tot het analyseren en het beheersen van financiële stromen. Het zal je niet verbazen dat in het hele bedrijf (zowel de primaire als de ondersteunende processen) informatietechnologie een belangrijke rol speelt. Elk bedrijf is geautomatiseerd en maakt gebruik van computersystemen. Hoe dat te beheersen is, is onderwerp van het derde onderdeel van dit hoofdstuk, al is dit misschien niet echt een proces te noemen.

Met de drie processen uit hoofdstuk 5 en de drie hiervoor genoemde ondersteunende processen hebben we de belangrijkste processen binnen een handelsonderneming besproken.

De ondersteunende processen behandelen we weer aan de hand van onze handelsonderneming Instal bv.

Instal bv (vervolg)

In het vorige hoofdstuk hebben we kennisgemaakt met Instal bv. We hebben toen aangegeven dat Instal een omzet heeft van €150 miljoen en zijn ingegaan op de in- en verkoopmarkt van Instal bv.

Dit vullen we nu aan met de volgende informatie. Bij Instal bv werken in totaal ongeveer 160 mensen, verdeeld over de volgende afdelingen:

- Directie (tweehoofdig)
- Directiesecretariaat (drie personen)
- Facilitair (huisvesting/wagenparkbeheer enzovoort) (twee personen)
- ICT (tien personen)
- Administratie & Controlling (A&C) (tien personen)
- Personeel en Organisatie (P&O) (drie personen)
- Inkoop (tien personen)
- vijf magazijnen (totaal 85 personen)
- Marketing (vijf personen)
- Drie verkoopkantoren (totaal 30 personen)

Instal bv kent een behoorlijk personeelsverloop. Dit komt niet omdat Instal bv een slechte werkgever is, maar omdat in de magazijnen gewerkt wordt met kortdurende dienstverbanden. Vooral studenten werken daar graag omdat de werktijden flexibel in te vullen zijn, voor een deel ook in de avonduren, als de zendingen voor de volgende ochtend klaargemaakt moeten worden. Deze uren worden met een toeslag op het normale loon betaald. Ook omdat er verschillende vestigingen zijn, betekent dit een behoorlijke werkdruk voor de afdeling Personeelszaken.

De financieel-administratieve verwerking van alle gegevens vindt centraal plaats op de afdeling Administratie & Controlling. Naast de boekhouding is daar, zoals de naam al aangeeft, de controllingafdeling aanwezig. Ook wordt op deze afdeling de salarisadministratie gedaan en vinden daar de treasury-activiteiten plaats. Deze laatste worden steeds belangrijker omdat door de inkoop over de hele wereld er veel transacties in Amerikaanse dollars plaatsvinden en in toenemende mate ook in Chinese yuan.

Om alle ICT-systemen goed te laten functioneren is er de afdeling ICT (Informatie- en communicatietechnologie). Hier werken onder meer de systeembeheerders die zorgen voor het technisch beheer, zoals het upgraden van de software, het installeren van nieuwe hardware en het oplossen van problemen.

6.1 Personeelsproces

Het personeelsproces is veelomvattend. Traditioneel gaat het hier om 'personeelszaken' maar tegenwoordig worden er ook andere termen gebruikt, die de breedte beter aangeven. De twee bekendste termen zijn:
- Human Resource Management (HRM)
- Personeel en Organisatie (P&O)

Als we naar deze twee begrippen kijken, zien we dat het personeelsproces alles omvat wat met de 'human resources' (letterlijk: menselijke middelen) en de organisatie te maken heeft.
Een belangrijke rol in dit proces is weggelegd voor de afdeling P&O (zoals we die vanaf nu zullen noemen). Hierbij is P&O een typische stafafdeling, dat wil zeggen een ondersteunende/adviserende afdeling.   **Stafafdeling**
Omdat P&O belangrijk is voor de organisatie, zie je dat de afdeling P&O vaak als stafafdeling is 'opgehangen aan' de directie. Dat wil zeggen dat het hoofd P&O direct rapporteert aan een van de directieleden. Naast stafafdelingen kennen organisaties lijnafdelingen. Dit zijn de afdelingen die zich met de   **Lijnafdelingen**
primaire processen bezighouden.

TUSSENVRAAG 6.1
Noem nog enkele andere voorbeelden van stafafdelingen en lijnafdelingen. Baseer je hierbij op de openingscasus Instal bv.

Het personeelsproces omvat zowel strategische/beleidsmatige elementen als meer uitvoerende/operationele elementen. In beide speelt de afdeling P&O een rol.
De belangrijkste elementen van het personeelsproces zijn in figuur 6.1 weergegeven.

FIGUUR 6.1 Het personeelsproces

We zullen eerst de onderdelen van figuur 6.1 bespreken. Daarna komen enige aspecten van administratieve organisatie rond het personeelsproces aan de orde.

6.1.1 De elementen van het personeelsproces
Figuur 6.2 geeft de organisatie weer, het eerste element van het personeelsproces.

De eerste onderdelen van figuur 6.1 zijn vooral strategisch. Hierbij zal de afdeling P&O voornamelijk een adviserende rol hebben naar de topleiding. Dit omdat vragen zoals hoe een organisatie in te richten (organisatiestructuur), maar ook vraagstukken rond de organisatiecultuur typisch onderwerpen zijn

FIGUUR 6.2 Elementen van het personeelsproces

waar de P&O-functionaris in zijn opleiding ruim aandacht aan heeft besteed. Uiteindelijk is het de leiding die beslist, maar die zal daarbij gebruikmaken van de kennis binnen P&O.

Organogram

**Functionele
structuur**

Organisatiestructuur gaat om de vraag hoe de organisatie in te richten. Dit
wordt meestal weergegeven in een organogram. Als we kijken naar de organisatie van Instal bv en de afdelingen die daarin aanwezig zijn, dan is gekozen voor een functionele structuur Het organogram van Instal bv zal er op
basis van de eerdergenoemde indeling uitzien zoals in figuur 6.3 is weergegeven.

FIGUUR 6.3 Organogram Instal bv

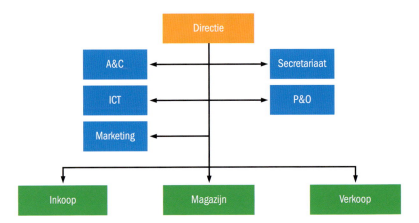

Er zijn ook andere organisatiestructuren mogelijk. Omdat de inrichting van
organisaties te ver voert voor dit boek noemen we slechts één alternatief, namelijk de organisatie naar productgroepen. Hierin zijn de lijnafdelingen ingedeeld naar productgroepen, bijvoorbeeld elektra, loodgietermateriaal,
elektronica enzovoort. De managers van deze afdelingen zijn dan verantwoordelijk voor alle aspecten (zowel inkoop als verkoop) van deze product-

**Integraal
management**

groepen. In dit kader spreken we van integraal management.
De afdeling P&O heeft een belangrijke adviserende rol bij het bepalen van
de meest geschikte organisatiestructuur.
Datzelfde geldt voor vraagstukken rond cultuur. Dit is een nog lastiger onderwerp dan structuur, want hier gaat het om 'zachte' waarden. Wat vinden
mensen in de organisatie belangrijk, wat voor type mensen trekt de organi-

satie aan, wat zijn de gedeelde opvattingen over wat hoort en wat niet hoort? Dit zal gevolgen hebben voor de (gewenste) sfeer, is die bijvoorbeeld innovatief en 'cool', of meer behoudend?

TUSSENVRAAG 6.2
Noem voorbeelden van (typen) organisaties die innovatief/'cool' zijn of juist behoudend.

Zeker in tijden dat organisaties zich moeten aanpassen aan de veranderende omgeving (en dat is tegenwoordig vrijwel continu) komen vragen van cultuur naar voren. Ook hier heeft de afdeling P&O een adviserende rol, zowel bij het formuleren van de gewenste cultuur als bij het helpen 'tussen de oren te krijgen' hiervan. Let wel, dit is een moeilijk proces, waar veel bedrijven en organisaties mee worstelen.

Figuur 6.4 geeft de personeelsformatie weer, het tweede element van het personeelsproces weer.

FIGUUR 6.4 Personeelsformatie

Als eenmaal bekend is hoe een organisatie er qua structuur en cultuur uitziet, kan de vertaling plaatsvinden naar de personeelsformatie. Hierbij gaat het om de vraag hoeveel mensen er op de diverse afdelingen werkzaam zijn en wat hun functie is. De inhoud van de functie is zowel bepalend voor de eisen waaraan de mensen moeten voldoen die de functie (gaan) uitvoeren, als voor de bevoegdheden die met de functie samenhangen en, ook niet onbelangrijk, de beloning die aan de functie hangt.

Personeels-formatie

Als voorbeeld noemen we een aantal functies die op de inkoopafdeling van Instal bv kunnen voorkomen:
- hoofd afdeling Inkoop
- inkoopsecretaresse
- senior inkopers
- junior inkopers
- assistent-inkopers
- inkoopadministrateurs

Ook hier zal de afdeling P&O vooral een adviserende rol hebben. Naast adviezen aan de directie zullen hier met name adviezen aan het hoofd Inkoop gegeven worden, want het is zijn of haar afdeling.
Zeker grote organisaties gaan nog een stap verder, daar is elke functie ingedeeld binnen een functiewaarderingssysteem. Hierin wordt elke functie 'gewogen' naar zwaarte op punten als verantwoordelijkheden, bevoegdheden, aantal mensen waaraan leidinggegeven wordt, budget waarvoor de functie verantwoordelijk is enzovoort. Op grond hiervan wordt de functie ingedeeld

in een bepaalde categorie, waaraan dan ook een salarisschaal hangt. Hiermee hebben we de stap gemaakt naar het beloningsbeleid. Vragen die hierbij spelen zijn onder meer: welk salarisniveau gaan we hanteren, hoe is de verhouding tussen de salarissen van de verschillende functies, welke groei in salaris is mogelijk? Bij de formulering van het beleid is onder meer van belang of sprake is van een cao.

Functie- en beloningsgebouw

Hierna is het functie- en beloningsgebouw gereed. Ook dit is een beleidsterrein waar de afdeling P&O kennis voor in huis heeft en de directie, die verantwoordelijk is, zal adviseren.

TUSSENVRAAG 6.3
Op welk onderdeel van de administratieve organisatie (zie figuur 4.2 in paragraaf 4.2.1) zal het functie- en beloningsgebouw moeten aansluiten?

Naast deze inhoudelijke kant van de formatie is er nog een ander element waar we aandacht aan moeten besteden. Hierbij gaat het onder meer om de vraag van het contracttype: werkt de organisatie met vaste krachten of (deels) met uitzendkrachten of oproepkrachten, bijvoorbeeld op basis van urencontracten? Wordt er gewerkt met contracten voor bepaalde of onbepaalde tijd, wat is de looptijd van de contracten?
Kortom, veel vragen die beantwoord moeten worden. Hierbij is juridische kennis (arbeidsrecht) van belang. Maar ook gaat het om een afweging van kosten (vaste krachten zijn goedkoper dan uitzendkrachten), binding (vaste krachten zullen meer binding voelen met de organisatie en daardoor beter presteren) en flexibiliteit (hoe snel kan de formatie worden aangepast aan de veranderende omstandigheden?). Dit laatste is vooral in tijden van economische recessie van belang. Veel bedrijven hebben tegenwoordig dan ook een 'flexibele schil'. Dit zijn mensen met een tijdelijk contract of oproep- dan wel uitzendkrachten, waar de werkgever gemakkelijk en zonder veel kosten afscheid van kan nemen als dit noodzakelijk is.

Figuur 6.5 geeft de instroom weer, het derde element van het personeelsproces.

FIGUUR 6.5 Instroom

We zijn nu aangekomen op een gebied waar het zowel gaat om beleidsmatige zaken als om operatiònele aspecten. Bij dit laatste doelen we op het concreet in dienst nemen van mensen. Ook omdat dit zal leiden tot een uitgaande geldstroom (de medewerker wil salaris) komt administratieve organisatie hier weer wat duidelijker om de hoek kijken.

Voordat we op de operationele kant van werving ingaan, nog een paar woorden over het beleidsmatige aspect van dit onderdeel. Hierbij gaat het met

name om de vraag hoe de juiste mensen bereikt worden. Dit hangt natuurlijk deels samen met keuzes die eerder gemaakt zijn: als voor een bepaalde
functie met uitzendkrachten gewerkt wordt, is het een kwestie van een uitzendbureau bellen.

TUSSENVRAAG 6.4
Aan welk proces doet het in dienst nemen van mensen denken?

Als er vaste krachten aangezocht moeten worden, komen keuzes aan de
orde als 'gaan we zelf werven of besteden we dit uit aan een wervings- en se-
lectiebureau?', als we zelf gaan werven, 'gaan we dan adverteren, zo ja in
welk medium?', 'is er een bepaalde (huis)stijl qua advertenties?'. Kortom, er
zijn veel vragen.
Laten we er nu voor het vervolg van het personeelsproces gemakshalve van
uitgaan dat uitsluitend met vaste krachten gewerkt wordt, die een maandsalaris ontvangen.

Na alle voorgaande stappen kan er nu eindelijk iemand worden aangeno-
men.
In dit proces speelt P&O een belangrijke rol. Om te beginnen zal P&O mee-
helpen met het opstellen van de vacature en adviseren waar de vacature
wordt gepubliceerd, denk aan internet of de dagbladen en tijdschriften.
Meestal zal P&O daarna een (eerste) selectie doen op basis van de ontvangen sollicitatiebrieven. Ook zal P&O, samen met de manager van de afdeling
waar de nieuwe medewerker komt te werken, de sollicitatiegesprekken voeren. Hierbij zal P&O zowel een rol spelen in de keuze (al zal ook die advise-
rend zijn) en input kunnen leveren voor het aanbod dat de sollicitant wordt
gedaan qua salaris en andere arbeidsvoorwaarden. Dit op basis van de be-
leidskeuzes die in de vorige stappen zijn gemaakt.
Als er een overeenkomst tot stand komt tussen de onderneming en de sollicitant, zal de afdeling P&O zorg dragen voor een juiste afhandeling. Dit betreft vooral het opstellen en laten tekenen van het contract en de verdere administratieve afhandeling. In de volgende paragraaf komen we terug op een
aantal specifieke aspecten van administratieve organisatie.

Figuur 6.6 geeft het behoud weer, het vierde element van het personeelsproces

FIGUUR 6.6 Behoud

Nu de werknemer in dienst is gekomen, is het belangrijk dat beide partijen
(werkgever en werknemer) zich gelukkig (blijven) voelen. Hierbij speelt uiteraard de beloning een rol, maar bewezen is dat het juist andere aspecten
zijn, die de medewerkerstevredenheid beïnvloeden. Hierbij is het wel van

belang dat het primair de taak van de manager is ervoor te zorgen dat het goed gaat met de medewerker. Maar ook hier zal P&O kunnen ondersteunen, bijvoorbeeld door periodiek met de manager het personeelsbestand 'door te praten' en te bespreken of er mensen zijn die bijzondere aandacht behoeven. Daarnaast werken (grote) organisaties met formele beoordelingssystemen, al dan niet in combinatie met vooraf geformuleerde afspraken over tijdens het jaar te behalen doelstellingen. Door middel van een systeem van functionerings- en/of beoordelingsgesprekken wordt met de medewerker zijn functioneren besproken.

Hieraan kunnen afspraken van beloning gekoppeld worden. Ook hier zal gelden dat P&O een adviserende en ondersteunende rol zal spelen. Dit zal in eerste instantie betrekking hebben op de ontwikkeling van een systeem van beoordelen. Daarna zal P&O de gesprekken voorbereiden, bijvoorbeeld door de manager tijdig van de juiste informatie (waaronder formulieren) te voorzien. Ook hier geldt: de manager zal de gesprekken voeren en is er dus verantwoordelijk voor.

In de werkomgeving van tegenwoordig moet iedereen 'bijblijven'. De tijd dat je als werknemer van het hbo of de universiteit kwam en daarmee alle kennis had voor het hele werkzame leven, ligt ver achter ons. Dit betekent dat bedrijven een actief opleidingsbeleid moeten voeren om de werknemers aan de eisen die het werk stelt te laten blijven voldoen. Ook voor de werknemer is permanente opleiding belangrijk. Zowel om goed werk te kunnen blijven leveren, als om de kansen op de arbeidsmarkt te vergroten. Dit noemen we ook wel employability. Het is tegenwoordig heel gewoon dat werknemers verschillende werkgevers hebben gedurende hun loopbaan. De tijd van de 'lifetime aanstelling'(en daarmee van 40 jaar 'bij de zaak') is zo langzamerhand afgelopen.

Een laatste taak van de P&O-functie gedurende de tijd dat er medewerkers zijn (en dat is dus steeds) is het zorg dragen dat aan relevante wetgeving wordt voldaan. Ook hier zal de P&O-functie vooral een adviserende en signalerende rol hebben. Voorbeelden van wetgeving die relevant is, zijn de Arbeidstijdenwet en de Arbowet (met name gericht op veiligheids- en welzijnsaspecten).

Figuur 6.7 geeft de uitstroom weer, het vijfde element van het personeelsproces.

FIGUUR 6.7 Uitstroom

Op een bepaald moment zal er een einde komen aan de arbeidsrelatie met de werknemer. De rol van P&O verschilt in de situatie dat het ontslag op initiatief van de werknemer dan wel op initiatief van de werkgever is.

In het eerste geval zal de rol van P&O beperkt zijn. Net zoals bij aanname zal het vooral gaan om de administratieve afwikkeling. Daarnaast kan P&O zorgen voor exit-interviews. Dit zijn gesprekken met de vertrekkende werknemer om duidelijk boven tafel te krijgen waarom de man of vrouw vertrekt. Hier kan waardevolle informatie uitkomen omdat mensen die weggaan geen belangen bij de organisatie hebben. Zij kunnen vrijuit spreken, zonder angst dat ze daar 'op afgerekend' worden.

Exit-interviews

De rol van P&O is meer omvattend als het initiatief vanuit de werkgever komt. Dit geldt zowel in de situatie dat het een individuele ontslagzaak betreft als het geval waarin sprake is van verschillende ontslagen. Bij grote aantallen spreken we van collectief ontslag. In de eerste situatie zal P&O met name letten op de juridische 'hardheid' van het ontslag. Zo moet er bij onvoldoende functioneren een 'dossier' zijn, waarin bijvoorbeeld bewijs opgenomen is dat het functioneren al een paar keer besproken is, echter zonder verbetering. Ontbreekt een dergelijk dossier, dan kan de werknemer het ontslag bij de rechter met succes aanvechten, wat het bedrijf een hoop geld kan kosten. Dit laatste is ook het geval als een werknemer ten onrechte 'op staande voet' ontslagen wordt. Op deze terreinen beschikt P&O over de (juridische) kennis om goed te kunnen functioneren. Als er sprake is van collectief ontslag, zal er intensief overleg moeten plaatsvinden tussen de werkgever en de vertegenwoordigers van de werknemers, zoals de ondernemingsraad en de vakbonden. Ook in dit overleg zal P&O een belangrijke adviserende rol hebben. In tijden van economische neergang zal veel van de aandacht van P&O hierop gericht zijn.

Met de bespreking van de vijf fasen hebben we stilgestaan bij de belangrijkste onderdelen van het personeelsproces. We hebben gezien dat het hier zowel om beleidsmatige/strategische aspecten gaat, als om meer uitvoerende/operationele zaken. In de volgende subparagraaf gaan we in op aspecten van administratieve organisatie rond het personeelsproces.

6.1.2   Het personeelsproces en administratieve organisatie

Zeker in organisaties waar de mensen bepalend zijn voor het succes, is het zaak alle fasen van het personeelsproces zoals deze in de vorige paragraaf besproken zijn, goed te beheersen en daar de juiste informatie uit te krijgen. Je zou dus kunnen zeggen dat administratieve organisatie, zoals eigenlijk in de hele organisatie geldt, 'overal' in het personeelsproces van belang is. Toch ligt de nadruk van de administratieve organisatie op dit terrein meestal op de laatste drie fasen (instroom, behoud en uitstroom). De achterliggende reden is dat er daar direct sprake is van een kostenpost (salarissen) met het risico dat dit niet goed gaat.

TUSSENVRAAG 6.5
Noem twee (financiële) risico's die het bedrijf loopt als de administratieve organisatie van aanname en ontslag niet goed is.

Om dit soort risico's te beheersen, is het nodig dat de volgende afdelingen betrokken zijn in het personeelsproces:

- de afdeling P&O
- de afdeling Salarisadministratie
- de afdeling Financiële administratie

De functieverdeling tussen deze afdelingen is op hoofdlijnen als volgt:
- P&O neemt mensen aan en zorgt voor ontslag.
- De salarisadministratie rekent de salarissen uit (bruto-netto).
- De financiële administratie controleert de salarissen en boekt ze (en zorgt dat ze het betalingsproces ingaan; dit komt in paragraaf 6.2 aan de orde).

In figuur 6.8 is de functieverdeling bij instroom, behoud en uitstroom verder uitgewerkt, en ook is aandacht geschonken aan de controles die daarbij plaatsvinden.

Standenregister

Uit figuur 6.8 blijkt dat er drie afdelingen nodig zijn bij de salarisverwerking. Een belangrijke plaats in dit proces is weggelegd voor het standenregister. Dit is een totaaloverzicht dat op de afdeling P&O wordt bijgehouden van het totaal aan brutosalarissen. Het klinkt ingewikkeld maar tabel 6.1 laat zien wat hiermee bedoeld wordt.

FIGUUR 6.8 Swimlane salarisproces

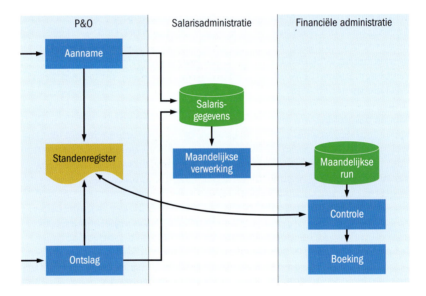

TABEL 6.1 Standenregister salarissen

Totaal bruto 31 januari	€ 867.480
bij: P. Jansen	3.520
G. Klaassen	2.960
P. Izmar	3.350
af: J. Wilson	-/- 2.950
Totaal bruto februari	€ 874.360

P&O houdt dus in totalen bij wat er aan brutosalarissen wordt betaald. Op de salarisadministratie wordt dit ook bijgehouden, maar daar staan alle werknemers individueel geregistreerd. Bij de maandelijkse salarisrun over februari zal het totaal aan brutosalarissen €874.360 moeten zijn. De financiële administratie controleert dit. Op deze manier wordt voorkomen dat te veel salaris wordt betaald, bijvoorbeeld aan mensen die niet (meer) in dienst zijn dan wel dat de salarisadministrateur het salaris van zichzelf of van een bevriende collega verhoogt. Het risico dat mensen ten onrechte salaris krijgen, speelt met name rond het moment van in dienst komen en uit dienst gaan.

TUSSENVRAAG 6.6
Hoe kan iemand die uit dienst is, nog salaris krijgen?

Het zal duidelijk zijn dat het risico maar één kant op gaat, namelijk als de onderneming te veel betaalt. Wanneer het bedrijf een medewerker te weinig of misschien wel helemaal geen salaris betaalt, zal deze wel aan de bel trekken. We noemen dit het piepsysteem. Iemand die te weinig krijgt gaat wel 'piepen'.   **Piepsysteem**
Het voorbeeld dat we gehanteerd hebben is relatief simpel. Werknemers krijgen elke maand hetzelfde loon. Moeilijker wordt het als dit niet het geval is, met andere woorden, als het maandelijkse brutoloon schommelt.

TUSSENVRAAG 6.7
Noem een aantal oorzaken waardoor het maandelijkse loon kan veranderen.

De salarisadministrateur voert de bruto-/nettoberekeningen uit. Hieruit komt wat elke medewerker netto krijgt uitbetaald. Ook de bedragen die aan belastingen, sociale lasten en pensioenpremies moeten worden afgedragen, komen uit dit proces naar voren. De salarisadministrateur is ervoor verantwoordelijk dat iedereen zijn geld en zijn loonstrook krijgt.
Figuur 6.9 laat een loonstrook zien.

Als je figuur 6.9 bekijkt zie je dat de loonstrook ingewikkeld is. Dit geldt dus ook voor het uitrekenen van de bedragen. Daarom besteden de meeste bedrijven dit uit aan speciale bureaus die zich hierin hebben gespecialiseerd, zogenoemde salarisverwerkingsbureaus. Deze beschikken over computersystemen waarin alle gegevens zijn opgenomen (belastingtabellen, inhoudingpercentages sociale verzekeringen, pensioenen enzovoort) om de berekeningen efficiënt te maken. Na de verwerking leveren deze bedrijven niet alleen de salarisstroken, maar ook bestanden waarmee de salarissen kunnen worden betaald en de verschillende belastingen en premies kunnen worden betaald. Overigens zie je steeds meer dat bedrijven stoppen met papieren loonstroken. Deze worden digitaal beschikbaar gesteld in een zogenoemd salarisportal. Deze kan de werknemer via internet bereiken en hij kan dan allerlei zaken rondom zijn salaris, maar ook hoeveel vakantiedagen hij bijvoorbeeld nog heeft, inzien. Dit moet natuurlijk, vanwege de privacygevoelige informatie, goed beveiligd zijn!

In deze paragraaf hebben we stilgestaan bij een belangrijk ondersteunend proces, namelijk het personeelsproces. In elke organisatie zal dit proces aanwezig zijn en in essentie verschilt het niet of een bedrijf 5 of 50.000 medewerkers heeft. Ook het proces dat we in de volgende paragraaf gaan bespreken komt in elke organisatie voor, namelijk het financieel-administratieve proces.

FIGUUR 6.9 Loonstrook

Perc./ Aantal	Omschrijving	Berekening over	Totalen Betaling	Inhouding	Ln SV	Ln Tabel	Loonh tarief	Ln Loonh	Waarvan eenmalig
62,500 %	Salaris	1728,71	1080,44		J	1080,44			
2,000	ORT 22/40%	11,05	4,86		J	4,86			4,86
8,000	ORT 38%	11,05	33,59		J	33,59			33,59
1,000	ORT 44%	11,05	4,86		J	4,86			4,86
1,000	ORT 49%	11,05	5,41		J	5,41			5,41
12,000	ORT 60%	11,05	79,56		J	79,56			79,56
	Ziekte verzuim			55,11	J	-55,11			
	Aanvulling ZW		55,11		J	55,11			
1,000	Ziekengeld ORT	4,88	4,88		J	4,88			4,88
1,000	Ziekeng.meerwerk	0,55	0,55		J	0,55			0,55
11,550 %	Premie pensioen	788,20		91,04	J	-91,04			
0,500 %	Toelage levensl.1	1080,44	5,40		J	5,40			
7,050 %	WG ZVW basis	1128,51	79,55		J	79,55			
	Loonheffing	1208,06		159,41					9,43
0,205 %	Inh WN WIA-WGA	1128,51		2,31					-29,66
7,050 %	Ink.afh.bijdr ZVW	1128,51		79,55					-0,28
									-9,43
	Totaal		1354,21	387,42		1208,06			
	Netto		**966,79**						**103,77**

Uitbetaling:
Postgironummer   966,79

Algemene gegevens		Berekeningsgegevens		Totalen t/m deze berekening	
Salaris	1080,44	Uurloon overwerk	11,05	Loon SV	8940,78
Minimum loon	752,25	Uurloon O.R.T.	11,05	Arbeidskorting	566,90
Schaalnummer	0025	Arbeidskorting	78,33	Loon loonheffing	9571,06
Anc./functiejaar	02	Jaarln bijz.bel.	66,43	SV dagen	135,00
Parttime factor	62,500	SV dagen	17,00	Dgn loonheffingen	174,00
Arbeidsduur	97,50	Dgn loonheffingen	21,75	Salarisdagen	169,00
Periode periodiek	juli	Salarisdagen	22,00	Dgn.berekening zg	11,00
LH-tabel	wit	Periode grndsl PF	1338,50	Periode grndsl PF	10364,71
Loonheffingskorting	ja	Recht EJU-1	49,62	Recht EJU-1	394,41
Geboortedatum		Recht VT	89,83	Recht VT	371,70
Datum in dienst	08-02-2010	Ln ZVW max tar	1128,51	Premie pensioen	692,68
Pensioenfonds	PFZW	Reisk.ww beschik.	205,20	Loonheffing	1180,22
Verzekerd ZVW/ZW/WW/WAO-WIA				Ln ZVW max tar	8940,78
Nummer ink.verh	1001			Ink.afh.bijdr ZVW	630,28
Bsn/sofi-nummer					
Datum in dnst CAO 01-07-2006					
Persoonsnummer					

Bron: www.salariszzg.nl

6.2 Financieel-administratief proces

In elke organisatie speelt geld een rol. In bedrijven die op winst gericht zijn, zelfs de hoofdrol. Want, het behalen van winst is de hoofddoelstelling. In andere organisaties, bijvoorbeeld een ziekenhuis, speelt geld een 'randvoorwaardelijke' rol. Het doel is weliswaar niet (zoveel mogelijk) geld verdienen, maar zonder voldoende inkomsten (en dus geld) zal het niet lang goed gaan. Dus zal alles wat met het geld te maken heeft goed gestuurd moeten worden. Hoe dit ondersteunende proces in zijn werk gaat, is onderdeel van deze paragraaf.

We bekijken dit aan de hand van een viertal functies die we vaak binnen dit financieel-administratieve proces aantreffen. Bij grote bedrijven zijn het vaak aparte afdelingen, bij kleinere bedrijven kunnen de functies op één afdeling uitgevoerd worden. We roepen daarom nog even het organogram van Instal bv (figuur 6.3) in herinnering en kijken in figuur 6.10 wat gedetailleerder naar de 'financiële afdeling', bij Instal 'Administratie & Controlling' geheten.

FIGUUR 6.10 De afdeling Administratie & Controlling van Instal bv

We zien onder het hoofd Administratie & Controlling vier afdelingen die wezenlijk van elkaar verschillen. In de volgende subparagrafen behandelen we deze afdelingen.

6.2.1 Financiële administratie

De financiële administratie wordt ook wel de boekhouding genoemd. Hier vinden de boekingen plaats in het grootboek en de subgrootboeken. De wijze waarop dit gebeurt is onderwerp van het vakgebied bedrijfsadministratie. Kort gezegd komt het erop neer dat alle financiële feiten in de organisatie op een systematische wijze, volgens het systeem van dubbel boekhouden worden vastgelegd. Hierdoor ontstaat een registratie van de bezittingen, schulden, opbrengsten en kosten van de organisatie. Deze financiële feiten zijn zeer verschillend. In tabel 6.2 is een aantal voorbeelden opgenomen.

TABEL 6.2 Voorbeelden van financiële feiten

Inkoopfactuur	Salarisbetalingen	Opname geldlening
Goederenontvangst	Afdracht loonheffing	Aflossing geldlening
Betaling aan de leverancier	Afdracht sociale premies	Rentebetaling
Verkoopfactuur	Afdracht pensioenpremies	
Goederenverzending		
Betaling door de klant	Investering machines	
Btw-aangifte	Afschrijving machines	
Btw-betaling	Betaling huur	
	Betaling telefoonkosten	

Een aantal van deze financiële feiten is routinematig, dat wil zeggen dat ze vaak (meestal dagelijks) zullen voorkomen. Een aantal andere financiële feiten zal minder vaak voorkomen en in sommige gevallen zelfs incidenteel. De routinematige financiële feiten zullen direct vanuit de bedrijfsprocessen afkomstig zijn en veelal zelfs automatisch vanuit de bedrijfsprocessen geboekt worden. Dit geldt zeker als het bedrijf werkt met een Enterprise Resource Planning-systeem, waar we in het volgende hoofdstuk kort op ingaan.

TUSSENVRAAG 6.8
Welke van de in tabel 6.1 genoemde financiële feiten zijn routinematig en zullen direct uit de processen voortkomen?

Het grootboek is het 'financiële hart' van de organisatie. Daar worden alle bezittingen, schulden, opbrengsten en kosten geregistreerd. Veel van de interne informatie vindt haar basis in de boekhouding. Ook de jaarrekening vloeit uit de boekhouding voort. Dit betekent dat hoge eisen gesteld worden aan de kwaliteit van de financiële administratie.
De financiële administratie bestaat uit het grootboek (de feitelijke boekhouding) en een aantal subadministraties. Subadministraties zijn specificaties van bepaalde grootboekrekeningen. De bekendste subadministraties zijn:
1 debiteurenadministratie
2 crediteurenadministratie
3 voorraadadministratie

De twee eerstgenoemde subadministraties bespreken we hierna. De voorraadadministratie is al bij het magazijnproces besproken.

Debiteurenadministratie

Debiteuren-administratie

Vorderingen

6

Debiteuren-bewaking

In de debiteurenadministratie vindt een registratie plaats van de bedragen die de organisatie nog van de afnemers tegoed heeft, ofwel de uitstaande vorderingen. Dit moet zo gebeuren dat er een goede debiteurenbewaking kan plaatsvinden. Dit houdt in dat de debiteurenadministrateur in de gaten houdt of een afnemer wel op tijd betaalt (dat is lang niet altijd vanzelfsprekend). Mocht dit niet het geval zijn, dan zal actie ondernomen moeten worden, in de vorm van betalingsherinneringen, aanmaningen en in een latere fase misschien zelfs een incassobureau of deurwaarder. Het zal duidelijk zijn dat zonder een goede debiteurenadministratie geen effectief incasso mogelijk is. Zo is het noodzakelijk dat vorderingen, net als voorraden, niet 'kwijt' raken. Als een vordering niet goed geregistreerd staat en de debiteur betaalt niet vanuit zichzelf, dan zal geen (goede) aanmaningsprocedure uitgevoerd kunnen worden.

TUSSENVRAAG 6.9
In het kader van functiescheiding: is de debiteurenadministratie een bewarende of een registrerende functie?

Bij de debiteuren spreken we ook wel over 'ontstaan' en 'afloop'. Ontstaan houdt in dat op een gegeven moment een nieuwe vordering ontstaat. Dit zal bij een handelsonderneming het geval zijn als er goederen verstuurd worden. Daarom vloeit de opboeking van de debiteuren voort uit het verkoopproces. Er is sprake van 'afloop' van de vordering op het moment dat de vordering is ontvangen. Soms heeft de debiteur, zoals we hiervoor gezien hebben, een 'zetje' nodig om te betalen.

Crediteurenadministratie

Crediteuren-administratie

Zoals de debiteurenadministratie rechtstreeks samenhangt met het verkoopproces, vloeit de crediteurenadministratie direct uit het inkoopproces voort. Want, uit het feit dat goederen ingekocht worden, vloeit voort dat de leverancier een factuur stuurt. Deze facturen zullen, net als de verkoopfacturen, geregistreerd moeten worden. Op deze wijze is duidelijk welke verplichtingen de onderneming heeft. Overigens is de praktijk wat ingewikkelder. Dit komt doordat inkoopfacturen vaak pas geboekt worden als ze goedgekeurd zijn.

Zeker als er achterstanden zijn bij degene die moet goedkeuren, kan het zo zijn dat er facturen door de organisatie 'zwerven'. Dan is het lastig na te gaan welke verplichtingen er zijn. Het is aan de administratieve organisatie om zodanige maatregelen te nemen dat dit probleem zich niet voordoet. Hier is de primaire registratie, bijvoorbeeld in de vorm van een inkomend facturenregister een mogelijke oplossing. Een dergelijke registratie kan gekoppeld zijn aan de financiële administratie (dan ligt de – mogelijke – verplichting ook al in de boekhouding vast) of los daarvan staan. In het eerste geval spreken we over intracomptabel (letterlijk: in de boekhouding). Is er geen koppeling met de boekhouding, dan noemen we dat extracomptabel. Overigens gelden deze begrippen niet alleen bij de crediteurenadministratie, maar voor elke registratie die al dan niet gekoppeld is aan de boekhouding. Zoals de debiteurenadministratie de basis is voor de inning van de vorderingen, is de crediteurenadministratie de basis voor de betalingen aan de leveranciers. Hiermee bereiken we het terrein van de uitgaande geldstroom, ofwel het betalingsproces. Dit is een fraudegevoelig en daarom kritisch proces, waar we aan de hand van een voorbeeld wat langer stil bij blijven staan.

Primaire registratie

Inkomend facturenregister

Intracomptabel

Extracomptabel

Betalingsproces

TUSSENVRAAG 6.10

Waarom is het betalingsproces fraudegevoelig?

- -

VOORBEELD 6.1

G.P. is op staande voet ontslagen bij zijn werkgever bv X te Y. Bv X is een vastgoedondernemer die onder meer appartementencomplexen exploiteert. G.P. was tot voor kort administrateur van de vennootschap. Hier was hij onder meer verantwoordelijk voor de financiële administratie en de crediteurenadministratie. Ook bereidde hij de elektronische betalingen van crediteuren voor. Hij maakte een betaalbestand aan dat, na plaatsing van een elektronische handtekening door de directeur, naar de bank werd verzonden. G.P. leefde op (te) grote voet. Hij hield van snelle auto's en motoren. Deze hobby is behoorlijk uit de hand gelopen, waardoor hij in permanente geldnood kwam te zitten. Sinds een jaar had hij echter een aardige bron van neveninkomsten. Hij boekte, vlak voor de betalingsrun, nepfacturen in de administratie op de rekening 'onderhoud'. Omdat in het onderhoud grote bedragen omgaan, enkele miljoenen per jaar, viel een bedrag van ongeveer €10.000 per maand niet op.

Direct na boeking zorgde hij voor de betaling zodat het saldo op de (fictieve) crediteur steeds €0 was. Het is aan de oplettendheid van een van de huismeesters te danken, die de post onderhoud van 'zijn' appartementen tot op de bodem heeft uitgezocht, dat G.P. ontmaskerd (en ontslagen) is. Inmiddels heeft de vennootschap beslag gelegd op een aantal auto's en motoren.

- -

Uit dit voorbeeld blijkt dat het betalingsproces een kritisch proces is. Naast het gegeven waar we het eerder over hadden, namelijk dat hier geld de organisatie verlaat, wat altijd een kritisch moment is, is dit met de komst van computers nog meer het geval. Dit komt omdat vroeger de directeur zijn handtekening onder een feitelijke betalingsopdracht op papier moest zetten. Als fraudeur moest je dan wel erg veel lef hebben om daar een eigen bankrekeningnummer op in te vullen. De directeur kon altijd steekproefsgewijs kijken of het bankrekeningnummer overeenkwam met een (goedgekeurde) factuur.

TUSSENVRAAG 6.11
Waarom kan de directeur nu niet meer steekproefsgewijs kijken of het bankrekeningnummer overeenkomt met een (goedgekeurde) factuur?

Door de automatisering zijn veel aanvullende interne controles nodig. Een hiervan is een functiescheiding tussen degene die de betalingen klaarmaakt en degene die elektronisch tekent. Maar zoals we hiervoor gezien hebben, is dat niet genoeg. Dit betekent dat andere maatregelen nodig zijn, waarvan de belangrijkste is dat het crediteurenstambestand (zeg maar het bestand met vaste crediteurengegevens) niet gewijzigd mag worden door degene die de betalingen klaarmaakt en de facturen boekt. Zo wordt voorkomen dat deze persoon een 'fictieve' crediteur met een frauduleus rekeningnummer toevoegt. Daarnaast zijn er nog andere meer ICT-gerelateerde maatregelen, maar die voeren te ver voor dit boek.

6.2.2 Salarisadministratie

De tweede afdeling die we vaak op de financiële administratie tegenkomen is de salarisadministratie. Deze afdeling hebben we in de vorige paragraaf ook al gezien. Eigenlijk is het net als de debiteuren- en crediteurenadministratie een subadministratie, namelijk een verdere specificatie van de grootboekrekeningen die te maken hebben met de salarissen. Omdat deze functie specifieke kennis vereist, met name op het gebied van belastingen en sociale -wetgeving, is het vaak een aparte afdeling. Op deze afdeling worden de brutosalarissen berekend en van daaruit de netto uit te betalen bedragen. We noemen dit wel het bruto-netto-traject. Het resultaat van deze berekeningen zijn de nettosalarissen en de aan de Belastingdienst en bedrijfsvereniging af te dragen bedragen. Ook komen er totaalbedragen uit die daarna door de grootboekadministratie in de boekhouding worden geboekt. Hiervoor hebben we gezien dat bedrijven hun salarisverwerking vaak uitbesteden. Maar natuurlijk blijft de salarisadministrateur wel verantwoordelijk voor de betrouwbaarheid van de informatie.

Bruto-netto

De afdelingen die we hier hebben besproken (financiële en salarisadministratie) worden ook wel als 'productieafdelingen' gezien. Het betreft inderdaad overwegend routinematige processen waarin veel transacties (inkoopfacturen, verkoopfacturen, betalingen) verwerkt worden. Bij grote bedrijven zijn duizenden facturen per maand geen uitzondering. Die moeten allemaal geboekt en betaald of geïncasseerd worden. Om dit zo efficiënt mogelijk te laten verlopen, proberen bedrijven zoveel mogelijk boekingen automatisch tot stand te brengen. Bijvoorbeeld bij een supermarkt vinden de boekingen van de verkopen plaats op basis van de gegevens in het kassasysteem, dat gekoppeld is aan de financiële administratie. Daarnaast zie je bij grote bedrijven steeds meer dat ze al hun administratieve werkzaamheden in één onderdeel centraliseren. Dit gebeurt dan in een zogenoemd Shared Service Center. De volgende stap is dat deze werkzaamheden worden uitbesteed aan een externe partij, net zoals bedrijven hun kantine of beveiliging hebben uitbesteed. Op deze ontwikkelingen komen we in hoofdstuk 8 terug. Je zult begrijpen dat uitbesteden van de financiële administratie grote gevolgen zal hebben voor de administratieve organisatie en dat automatisering en internet hierin een grote rol spelen.

Shared Service Center

De twee hierna te bespreken afdelingen, controlling en treasury, zijn heel anders van aard.

6.2.3   Controlling

De afdeling Controlling houdt zich bezig met 'control'. Dit begrip zijn we al eerder tegengekomen en daar hebben we gezien dat het is afgeleid van het Engelse 'to control', beheersen. De controller houdt zich bezig met de middelen en het gebruik daarvan die bijdragen aan de beheersing van de organisatie. Een van de gebieden waar de controller mee te maken heeft, is het onderwerp van dit boek, administratieve organisatie. Het is de controller, die daar vaak een belangrijke, op zijn minst adviserende, stem in heeft. Andere zaken waar de controller zich mee bezighoudt, zijn instrumenten van 'planning & control', zoals de budgettering. De controller speelt een sleutelrol in het opstellen van het budget. Hij is niet verantwoordelijk voor de inhoud van het budget (dat is de lijnmanager, bijvoorbeeld hoofd verkoop) maar de controller is wel verantwoordelijk voor het hebben van een goede budgetteringssystematiek. Ook bewaakt hij de samenhang tussen de diverse deelbudgetten.

Controller

Een ander gebied waar de controller een belangrijke rol speelt, is die van de managementinformatie. Voor zover het financiële informatie is, ligt de bron van de informatie in de boekhouding. De rol van de controller is het presenteren van de uitkomsten voor het management, afgezet tegen bijvoorbeeld het budget, op een zodanige wijze dat het management beslissingen kan nemen. Wie de cijfers opstelt (de administratie of de controller) is niet eens zo belangrijk. Wat wel een belangrijke rol van de controller is, is het analyseren van de informatie om zo het management te kunnen adviseren. Dit geldt overigens niet alleen bij tussentijdse informatie over de gang van zaken in de onderneming, ook bij belangrijke beslissingen, bijvoorbeeld bij investeringen, zal de controller een adviserende rol hebben. De controller wordt ook wel het 'financiële geweten' van de onderneming genoemd. Hij houdt het management een spiegel voor en wijst bijvoorbeeld op risico's van voorgenomen acties. Je zult begrijpen dat het heel wat communicatieve vaardigheden vraagt een dergelijke rol te spelen, want een controller die alleen maar dwars ligt en altijd 'leeuwen en beren op de weg ziet' zal het niet lang volhouden. Toch hechten (goede) topmanagers sterk aan de mening van controllers, juist als tegenwicht tegen ondernemende types (marketing, sales) die misschien juist meer oog hebben voor kansen dan voor risico's.

Over de functie van de controller en de plaats binnen de organisatie valt veel te zeggen. Zo is een van de discussiepunten of een controller verantwoordelijk moet zijn voor de financiële administratie. Voorstanders zeggen van wel omdat de financiële administratie belangrijke input levert voor de controllingfunctie, die zonder informatie niet kan functioneren. Tegenstanders zeggen van niet omdat de controller onafhankelijk moet kunnen optreden en alles moet kunnen zeggen wat hij vindt. Voor beide argumenten valt wat te zeggen. Het voert te ver voor dit boek lang stil te staan bij de functie van de controller. Wel willen we vermelden dat er verschillende 'typen' controllers zijn. De functie zoals we die hiervoor hebben omschreven heeft toch vooral een financiële invulling. We spreken in dit kader van de financial controller. Een goede controller kijkt echter veel verder dan alleen de financiële kant. Hij is in de volle breedte een adviseur van het (top)management. Dan wordt hij meer een business controller Toch zien we vaak op controllingfuncties mensen met een financiële achtergrond en opleiding, zoals bedrijfseconomen, accountants en de gespecialiseerde registercontrollers die hebben 'doorgeleerd' voor het controllersvak.

Financial controller

Business controller

Register-controllers

6

6.2.4   Treasury

Treasury

De laatste functie die we bespreken in het kader van het financieel-administratieve proces is de 'treasury-functie'. Deze functie zien we (als aparte functie) alleen bij grote ondernemingen. Waar de hiervoor genoemde functies (administratie en controlling) zich bezighouden met financiële informatie (respectievelijk registreren en interpreteren/analyseren), houdt de treasury-functie zich met het geld zelf bezig. De taak van de treasurer is het optimaliseren van de geldstromen tegen, meestal, zo laag mogelijke kosten. De functie van de treasurer is natuurlijk van groter belang als de geldstromen groter zijn. De treasurer houdt zich bezig met het tijdelijk beleggen van overtollige middelen of juist het aantrekken van kortlopende leningen als er tijdelijk liquiditeiten nodig zijn. Op langere termijn zal de treasurer zich ook bezighouden met financierings- en beleggingsvraagstukken. De functie van de treasurer wordt nog belangrijker als sprake is van geldstromen in verschillende valuta's. In dit geval zijn ook zaken als valutarisico en renteverschillen tussen landen aan de orde. Goede treasurers kunnen veel geld verdienen voor een onderneming. Toch ligt hier een belangrijk risico op de loer.

TUSSENVRAAG 6.12
Welk risico zal worden bedoeld wanneer je stelt dat treasurers veel geld kunnen verdienen voor een onderneming?

6

Ter beheersing van de treasury-functie zijn er goede spelregels nodig en goede informatie om de treasury-functie te kunnen beoordelen en volgen. Op dit terrein komt de controller weer om de hoek kijken. Daarnaast is de treasurer weer afhankelijk van informatie uit de financiële administratie,

Liquiditeits-
begroting

vooral als basis voor de voor de treasurer onmisbare liquiditeitsbegroting. Dit is een prognose van de inkomende en uitgaande geldstromen, die kan variëren van de korte termijn (komende week) tot de lange termijn (komende maanden).

In deze paragraaf hebben we ons beziggehouden met het financieel-administratieve proces. Hierbij hebben we gezien dat er twee routinematige processen zijn te onderscheiden (de financiële administratie en de salarisadministratie) en twee meer 'hoogwaardige' (zonder daarmee de andere afdelingen tekort te willen doen) processen, namelijk controlling en treasury.

6.3 Het IT-proces

Zoals eerder is vermeld zijn computers niet meer weg te denken uit bedrijven en andere organisaties. Ook hebben we in voorbeeld 6.1 over de betaling aan de crediteuren gezien, dat dit risico's met zich mee brengt. Dit roept de vraag op hoe 'de automatisering' georganiseerd moet worden.

Deze vraag is niet eenvoudig te beantwoorden en hangt af van het type bedrijf. Grote bedrijven (denk aan banken) hebben grote automatiseringsafdelingen waar wel honderden mensen werken. Die zijn verantwoordelijk voor de ontwikkeling van nieuwe systemen en het draaiende houden van de automatisering binnen het bedrijf. De medewerkers van het bedrijf (of dit nu de inkoop, verkoop, administratie of personeelszaken is) moeten kunnen vertrouwen op goedwerkende systemen. Overigens spreken we in dit verband over de gebruikersorganisatie.

Gebruikers-organisatie

Bedrijven hebben de keuze hun software(programma's) zelf te ontwikkelen of standaardprogramma's te kopen. In dat eerste geval zullen er gespecialiseerde mensen in dienst zijn, zoals systeemontwikkelaars en programmeurs.

TUSSENVRAAG 6.13
Bedenk een voorbeeld van een situatie waarin een bedrijf een programma zelf ontwikkelt en een situatie waarin men een standaardprogramma koopt.

Instal bv heeft ook een aparte automatiseringsafdeling. Bij kleinere bedrijven zien we doorgaans geen aparte automatiseringsafdeling. Vaak is iemand op de administratie verantwoordelijk voor de IT, zeker als gewerkt wordt met standaardpakketten. Daarbij kunnen veel werkzaamheden (het oplossen van technische problemen) ook worden uitbesteed.

ICT (ook wel kortweg IT genoemd: Informatietechnologie) speelt een grote rol binnen bedrijven. Omdat de processen voor een belangrijk deel worden ondersteund door IT zijn er ook raakvlakken met administratieve organisatie. Betekent dit dat een deskundige op het gebied van AO ook een automatiseringsspecialist moet zijn? Nee, dat niet, maar wel zal aandacht besteed moeten worden aan de wijze waarop automatisering een betrouwbare bijdrage levert aan de informatievoorziening. Want dat was het doel van administratieve organisatie. Dit betekent dat de AO-professional zich bewust moet zijn van de risico's die IT met zich meebrengt en dat hij in hoofdlijnen op de hoogte moet zijn van de maatregelen die deze risico's kunnen beheersen. Hij zal een gesprekspartner van de IT-specialist moeten zijn.

Hierna zijn een paar onderwerpen genoemd waaraan binnen de administratieve organisatie met betrekking tot de IT in meer of mindere mate aandacht besteed moet worden:
1 organisatie van de IT
2 ontwikkeling van nieuwe IT-toepassingen
3 integriteit van de gegevens
4 continuïteit van de IT
5 internettoepassingen

We zullen nu kort op deze aspecten ingaan.

1 Organisatie van de IT

Met organisatie van de IT bedoelen we zowel de plaats van IT in de organisatie als de organisatie binnen de afdeling IT, indien die bestaat. Uiteraard is dit afhankelijk van de aard en omvang van de organisatie. Zoals we eerder zagen, is bij kleinere bedrijven automatisering vaak onderdeel van de administratie. Dit vormt een bedreiging voor de administratieve organisatie, omdat er functievermenging is tussen de gegevensvastlegging (automatisering) en de informatieverwerking en -verstrekking (administratie). Toch is dit in veel organisaties onvermijdelijk, maar het kan ook tot vervelende gevolgen leiden, zoals uit het volgende voorbeeld blijkt.

VOORBEELD 6.2
In onderneming A, een keten van winkels met twintig vestigingen, valt de automatisering onder de administratie. De administratie bestaat uit een hoofd administratie en twee parttime assistenten. Het hoofd administratie, die een computerhobbyist is, is ook verantwoordelijk voor de automatisering. Hij is dus ook systeembeheerder. Als enige binnen de onderneming weet hij hoe de computerprogramma's werken en enkele van deze programma's heeft hij zelf aangepast of ontworpen. Ooit heeft hij namelijk een cursus programmeren gevolgd.
Een halfjaar geleden is er een nieuwe directeur gekomen, met wie ons hoofd administratie niet goed overweg kan. Hij vindt deze man te veeleisend en hij krijgt meer en meer tegenzin in zijn werk. Daarnaast wordt het er thuis ook niet gezelliger op, zijn vrouw klaagt steeds dat ze te weinig geld heeft en de puberkinderen kosten steeds meer geld. Nu wil de oudste ook al autorijles.
Hij heeft een geweldig idee: hij kan €2.000 netto per week extra verdienen door een paar crediteurenfacturen dubbel in te boeken. Vervolgens saboteert hij het betaalbestand, waarbij de nieuwe directeur weliswaar een mooi formulier tekent, maar hij niet kan zien wat er echt in het bestand staat. Hij doet dit door de factuur één keer aan de crediteur te betalen (zodat die niet zeurt) en één keer aan een bankrekening op naam van zijn vrouw (haar meisjesnaam, je weet maar nooit). Omdat hij als geen ander de weg weet in de financiële administratie, boekt hij de verschillen keurig weg op de rekening winkeldiefstallen, geen haan die ernaar kraait.

Systeem-
beheerder

Super-user

Dit voorbeeld – dat wel een beetje lijkt op voorbeeld 6.1 – laat zien dat de combinatie van administrateur en systeembeheerder een gevaarlijke kan zijn. Eigenlijk moeten we dit omdraaien: systeembeheerder is altijd een gevaarlijke functie, die heeft namelijk alle rechten binnen het automatiseringssysteem. Dit is binnen het systeem de 'super-user'. Zolang er geen koppeling is met de financiële administratie, valt dit risico echter te overzien.
Daarom verdient het de voorkeur dat er een aparte afdeling Automatisering is, los van de financiële administratie en rechtstreeks vallend onder de directie. Mocht dit om kostentechnische redenen niet haalbaar zijn, dan verdient het aanbeveling uitsluitend met standaardpakketten te werken, waar niet, zoals in voorbeeld 6.2, mee 'gerommeld' kan worden.
Is er wel sprake van een automatiseringsafdeling, dan zal er binnen die afdeling sprake moeten zijn van functiescheiding. Welke dat is hangt af van de specifieke situatie, maar een noodzakelijke scheiding is in ieder geval die tussen 'ontwikkeling' en 'operations'.

In het voorbeeld was degene die verantwoordelijk was voor het laten draaien van de IT-systemen (operations) ook verantwoordelijk voor de ontwikkeling dan wel aanpassing van software. Door deze twee functies te scheiden wordt het risico ondervangen: degene die ontwikkelt, kan er in de dagelijkse praktijk niets mee en degene die de dagelijkse praktijk draait, kan niet ontwikkelen en daardoor niet ingrijpen in de software.

2 Ontwikkeling van nieuwe IT-toepassingen
Zeker in grote organisaties staan IT-ontwikkelingen niet stil. Er is sprake van continue innovatie die leidt tot nieuwe of aangepaste software. Het risico

van deze software is dat hij niet doet wat hij moet doen en dat daardoor bestanden, data en informatie 'vervuild' worden. Het is een gigantisch risico dergelijke aanpassingen te doen in een zogenoemde 'life-omgeving', ook wel 'productieomgeving' genoemd. Vergelijk dit met het verwisselen van een band van een auto terwijl die met 100 km per uur over de snelweg raast. Helaas zien we regelmatig dat bedrijven en instellingen zich niet aan deze logica houden, meestal onder tijdsdruk. Hierdoor kan het voorkomen dat klanten 'fake' facturen krijgen, dat bedragen uit de administratie verdwijnen of andere negatieve gevolgen.

Productie-omgeving

Vanuit het oogpunt van administratieve organisatie worden er dan ook eisen gesteld aan de ontwikkeling van nieuwe toepassingen. Het voert voor dit boek te ver hier uitgebreid op in te gaan, maar regel één is dat de 'ontwikkelomgeving' los moet staan van de 'productieomgeving'. Met productieomgeving bedoelen we het gebruik van de automatisering voor de dagelijkse gang van zaken. Deze scheiding moet zowel organisatorisch als 'logisch' zijn. De mensen in de onderneming die zich met de dagelijkse zaken bezighouden, moeten zich niet bezig kunnen houden met het wijzigen van de systemen.

Ontwikkel-omgeving

Productie-omgeving

De software kan pas worden ingevoerd in de productieomgeving als de eindgebruikers de software uitgebreid getest en daarna geaccepteerd hebben. In dit kader spreken we van gebruikerstests; want de eindgebruikers weten als geen ander wat de software moet doen en hoe het er in de echte wereld aan toe gaat.

Gebruikerstests

6

3 Integriteit van de gegevens

In hoofdstuk 3 is uitgebreid stilgestaan bij het hoe en waarom van administratieve organisatie. Samengevat kunnen we zeggen dat administratieve organisatie moet zorgen voor betrouwbare informatie, zodat de organisatie bestuurd en beheerst kan worden.

Informatie komt uit geautomatiseerde systemen en wel op basis van data (gegevens) die in die systemen opgeslagen liggen. Dit betekent dat het belangrijk is dat deze data juist zijn en juist blijven. Dit bedoelen we met de integriteit van de gegevens.

Het is hier belangrijk onderscheid te maken tussen stamgegevens en transactiegegevens. Stamgegevens zijn de 'vaste' gegevens zoals die in een crediteurenbestand vastliggen: crediteurennummer, naam, adres, woonplaats, bankrekeningnummer. De transactiegegevens zijn de gegevens van de facturen en betalingen. Beide moeten goed zijn, maar stamgegevens zijn risicovoller dan transactiegegevens, bijvoorbeeld omdat stamgegevens langer door kunnen werken in foute informatie.

Transactie-gegevens

Stamgegevens

VOORBEELD 6.3
In elke organisatie, maar zeker in een organisatie met veel personeel zoals een ziekenhuis, is het stambestand salarissen belangrijk. Stel dat een nieuwe medewerker per 1 mei in dienst treedt en het salaris wordt fout ingevoerd in het stambestand. In dat geval kan dit lang doorwerken zonder dat iemand het merkt, tenminste als het te hoog is. Als daarentegen de overuren van één maand verkeerd zijn ingevoerd, is het effect alleen in die ene maand aan de orde.

De belangrijkste maatregel om de integriteit van data te waarborgen, is al in hoofdstuk 4 besproken. Dit is namelijk het beperken van de toegang tot de data tot die medewerkers die daar volgens hun functie bevoegd toe zijn. Mooier gezegd: de autorisatie tot het wijzigen van gegevens moet aansluiten bij de functiescheiding zoals die in het bedrijf is. Daarnaast moet er controle plaatsvinden op wijzigingen, zeker in de stambestanden.

TUSSENVRAAG 6.14
Hoe kunnen deze functiescheiding en controle bij het stambestand personeel worden toegepast?

Technisch wordt dit vormgegeven door user-ID's en passwords. Iedere medewerker heeft een inlognaam (user-ID) en password. Hiermee herkent de software een medewerker, waarbij in de software de bevoegdheden vastliggen.

Hash-totals

Toch is de hier besproken controle nog niet voldoende. Zoals blijkt uit het antwoord op tussenvraag 6.14, zal de salarisadministratie de mutaties in het stambestand, zoals deze zijn aangebracht door de afdeling Personeelszaken, moeten controleren. Maar wat als de salarisadministratie niet weet dat er een mutatie is? Dit kunnen we oplossen door met hash-totals te werken. Dit is in feite niets anders dan een totaaltelling maken van velden in een stambestand, bijvoorbeeld het totaal van het bruto salaris; zodra dit totaal wijzigt, is er sprake van een mutatie die dus gecontroleerd moet worden. In het crediteurenstambestand kan dit het totaal zijn van de bankrekeningnummers. Dat totaal als zodanig zegt niets, maar ook hier weer: als er een wijziging plaatsvindt, heeft iemand zitten wijzigen in een bankrekeningnummer en dat moet dan gecontroleerd worden.

Geprogrammeerde controles

Op het gebied van de integriteit van de data spelen ook geprogrammeerde controles een rol. Dit zijn controles die 'in de software' zitten. Dit kunnen controles op logica zijn (bijvoorbeeld een postcode bestaat altijd uit vier cijfers en twee letters) of op waarschijnlijkheid (een maandsalaris van €500.000 zal niet kloppen). Op deze wijze dwingt de software de juistheid van de data tot op zekere hoogte af.

Cloud computing

Een recente ontwikkeling waar we tot slot even bij willen stil staan is cloud computing, iets wat je zult kennen van je mobieltje. Hierbij zijn gegevens opgeslagen 'in de cloud' bij een service-providor. Het is logisch dat beveiliging van de gegevens, zeker waar het privacygevoelige gegevens betreft, van groot belang is.

4 Continuïteit van de IT
Veel organisaties zijn in belangrijke mate afhankelijk van IT. Als binnen een bank de IT een dag uitvalt, is de schade niet te overzien; als de IT van een internetwinkel een paar dagen 'uit de lucht is', kan dit zelfs tot faillissement leiden.

Dit betekent dat in het kader van de administratieve organisatie, die tot taak heeft de informatievoorziening te waarborgen (want zonder IT geen informatie), aandacht besteed moet worden aan maatregelen die de continuïteit waarborgen. Dit zal alleen op hoofdlijnen kunnen omdat de invulling meer technisch van aard zal zijn. Maatregelen waar we het hier over hebben zijn:

- Fysieke beveiliging van de computers en waar nodig een technische omgeving (koeling) die aan de eisen voldoet.
- Kritieke computersystemen in een brandvrije ruimte plaatsen.
- Voor kritieke processen uitwijkmogelijkheden: als de systemen echt voor langere tijd 'down' gaan, moet er vervangende apparatuur zijn (vergelijk een noodaggregaat voor stroom in een ziekenhuis).
- Overigens: ook voor kritieke computertoepassingen moet de elektriciteit gewaarborgd zijn.
- Back-ups van programma's en bestanden zodat er een reservekopie is (iedereen die Word gebruikt zal dit wel herkennen) als bestanden verloren gaan. Het spreekt vanzelf dat deze back-ups op een andere plaats bewaard moeten worden. Tegenwoordig bieden cloud-oplossingen daartoe goede mogelijkheden.

Overigens dient, net als bij brandoefeningen, regelmatig getest te worden of deze maatregelen ook echt werken. Kan de uitwijkapparatuur de verwerking direct overnemen en kunnen de back-ups gemakkelijk 'teruggezet' worden?

5 Internettoepassingen
Het brede gebruik van internet heeft een nieuwe dimensie aan de maatregelen van beveiliging toegevoegd. Door een internetaansluiting staan de computersystemen van de onderneming open voor de buitenwereld. Open voor gewenst bezoek (klanten) maar, zonder maatregelen, ook open voor ongewenst bezoek (hackers). Het is de nachtmerrie van iedere IT-manager dat hackers zich toegang tot de systemen verschaffen. De gevolgen kunnen varieren van diefstal van bijvoorbeeld creditcardgegevens tot het volledig 'lamleggen' van de systemen (zogenaamde DOS: Denial of Service) al dan niet door middel van virussen. Misschien buiten het kader van een boek over administratieve organisatie, maar een serieuze bedreiging waar veiligheidsdiensten alert op zijn, is cyberterrorisme. Door het verstoren van bijvoorbeeld de computers van de luchtverkeersleiding kunnen vreselijke rampen gebeuren.

Denial of Service

Bedrijven die hun producten en diensten via internet aanbieden lopen, buiten het risico van hackers, ook andere risico's. Zo is het niet zonder meer zeker dat de klant degene is die hij zegt te zijn. Daarnaast is het natuurlijk prima als een klant via internet een order plaatst; het is echter niet de bedoeling dat dezelfde klant zijn schuld hierna in het debiteurenbestand wegstreept. Ofwel, grote delen van de automatisering mogen niet toegankelijk zijn voor de klant.
Maatregelen die in dit kader genomen worden zijn:
- *Virusscanners.*
- *Firewalls.* Dit zijn technische maatregelen die ervoor zorgen dat de website hermetisch afgescheiden is van de rest van de automatisering.
- *Authenticatiemaatregelen.* Door bijvoorbeeld de klant zijn creditcardnummer te laten ingeven dan wel een bevestiging per e-mail te sturen.

Samenvatting

In dit hoofdstuk hebben we stilgestaan bij de ondersteunende processen 'personeel', 'financieel-administratief' en 'IT'. Hiermee heb je inzicht gekregen in de processen die zich in een handelsbedrijf met verkoop op rekening afspelen. De ondersteunende processen die we in dit hoofdstuk hebben besproken, komen in elk bedrijf voor en zijn, ongeacht het type bedrijf, in hoofdlijnen vergelijkbaar. Dit geldt niet voor de primaire processen, die sterk afhangen van de typologie.

6

Vraagstukken

V6.1   Bij een middelgroot ziekenhuis werken 1.500 medewerkers. Velen van hen werken op onregelmatige tijden. Zij ontvangen voor de gewerkte uren buiten de reguliere tijden bovenop hun salaris een onregelmatigheidstoeslag. Beschrijf welke afdelingen een rol spelen bij het maandelijks betalen van de salarissen. Denk hierbij aan voldoende functiescheidingen en andere interne controles.

V6.2   Binnen grote bedrijven is een treasury-afdeling aanwezig die zich met de geldstromen bezighoudt. Waar dit uiteraard dagelijks gebeurt, is bij banken. Binnen de bankwereld zijn er twee 'beruchte' namen, namelijk Nick Leeson en Jérome Kerviel.
Ga na wat deze twee heren hebben gedaan en benoem een aantal stappen van administratieve organisatie die dit hadden kunnen voorkomen.

V6.3   De penningmeester van de plaatselijke voetbalclub voert de ledenadministratie, inclusief de aanmaak van facturen en acceptgiro's voor de contributie, thuis op de computer. Ook boekt en betaalt hij de inkoopfacturen van de kantine. Hij beschikt hiertoe over toegang tot het e-banking systeem voor de rekening van de club.
Beschrijf de risico's die dit met zich meebrengt en de maatregelen op het gebied van automatisering die genomen kunnen worden.

6

7

Verschillende typologieën: een inleiding

In de vorige twee hoofdstukken hebben we ons beziggehouden met één typologie, namelijk het handelsbedrijf dat levert op rekening. In dit hoofdstuk komt een aantal andere typologieën aan de orde. Hierbij zal blijken dat er per typologie bepaalde verbanden centraal staan. Met deze verbanden zal bij de inrichting van de administratieve organisatie rekening moeten worden gehouden. We beperken ons tot de meest voorkomende typologieën en gaan voorbij aan de, wel in het oorspronkelijke model voorkomende, typologieën 'financiële instellingen' (banken en verzekeraars) en 'niet voor de markt producerende huishoudingen' (overheid, onderwijs, gezondheidszorg). Overigens plaatsen we hierbij de kanttekening dat de dynamiek van de moderne samenleving ook hier voor bepaalde verschuivingen zorgt, denk aan marktwerking in de gezondheidszorg, waardoor deze deels in een andere typologie terecht zal komen.

Elke typologie wordt slechts kort behandeld. Voor een diepgaander behandeling van de administratieve organisatie van de diverse typologieën verwijzen wij naar het vervolgboek in deze serie, *Kern van de administratieve organisatie*. Daarin wordt per hoofdstuk een typologie uitgebreid behandeld.

Recra bv

Recra bv is een groot bedrijf op het gebied van vrijetijdsbesteding. Ooit is het bedrijf begonnen als dorpscafé bij de halte van de stoomtram. Daar konden de passagiers een kopje koffie of wat sterkers drinken. Later werd het café uitgebreid met een restaurantgedeelte en nog weer later met een hotel. Met de grootvader van de huidige directeur is de grote groei gerealiseerd. In binnen- en buitenland schoten de Recra-hotels als paddenstoelen uit de grond. Door de schaalgrootte kwam de toenmalige directie er achter dat ze bepaalde zaken goedkoper zelf konden maken dan inkopen. Zo is er een fabriek voor horecameubilair gestart die ook aan derden levert.

Sinds een aantal jaren is een nieuwe activiteit gestart: pretparken. Op deze parken zijn de restaurants natuurlijk van Recra bv. Dit geldt ook voor de shops waarin naast snoep allerlei op het themapark afgestemde cadeauartikelen te krijgen zijn.

7

7.1 Typologieën

Zoals je al in hoofdstuk 1 hebt gezien, is binnen het vakgebied het typologie-model van Starreveld een belangrijk model. In de hoofdstukken 5 en 6 heb je kennisgemaakt met Instal bv. Dit bedrijf viel in één categorie binnen het ty-pologiemodel, namelijk handel met verkoop op rekening. Bij veel bedrijven ligt het een stuk ingewikkelder. Zo ook bij Recra bv waar sprake is van ver-schillende typologieën.

De hoofdindeling binnen de typologie ziet eruit zoals in tabel 7.1 is weerge-geven.

Typologie

TABEL 7.1 Hoofdindeling typologie

Handel
Productie
Dienstverlening

We gaan hierna de verschillende categorieën beter bekijken.

7.2 Handel

Zoals je in hoofdstuk 1 hebt gezien, wordt er binnen het handelsbedrijf on-derscheid gemaakt tussen verkoop op rekening en verkoop contant.

TUSSENVRAAG 7.1
Waarom wordt er binnen het handelsbedrijf onderscheid gemaakt tussen verkoop op rekening en verkoop contant?

In hoofdstuk 4 hebben we kennisgemaakt met de waardekringloop in de handelsonderneming. Kijk nog eens naar figuur 4.10 en vergelijk deze met figuur 7.1 waarin de waardekringloop voor het handelsbedrijf met contante verkoop is opgenomen.

Je ziet dat aan de inkoopkant (de linkerzijde van de figuur) niets veranderd is. Dit is anders aan de verkoopkant (de rechterzijde). Daar zie je geen debi-teuren en is er dus ook geen incassoprobleem. Klanten betalen direct; an-ders krijgen ze het product niet mee.
Er ligt dus een directe relatie tussen wat de voorraad uitgaat en de kassa (geld) inkomt.

TUSSENVRAAG 7.2
Waarom zal dit bij een supermarkt toch niet helemaal kloppen?

Bij verkoop contant kun je, zoals hiervoor al bleek, denken aan een super-markt. Daarom moet je bij de administratieve organisatie van zo'n organisa-tie veel aandacht besteden aan de kassaorganisatie. Overigens spreken we tegenwoordig niet meer zozeer van kassa's maar van zogenoemde Point-of-Sale terminals, kortweg POS genoemd.

Point-of-Sale terminals

FIGUUR 7.1 Waardekringloop handelsonderneming met contante verkoop

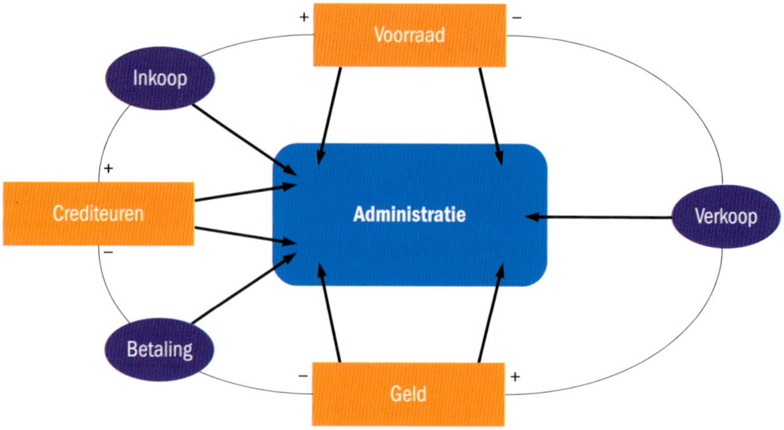

POS is een computer, onderdeel van het netwerk van de onderneming, die als kassa fungeert. Doordat het is gekoppeld met de administratie, wordt direct de voorraadadministratie bijgewerkt en wordt de omzet geregistreerd. Met dit laatste kan bepaald worden wat op een bepaald moment (bijvoorbeeld het einde van de dag) aan geld in de kassa moet zitten. Dit geld zal geteld moeten worden door een andere medewerker dan degene die achter de kassa zit. Het geld zal vervolgens bij de bank worden afgestort.
Dit maakt het handelsbedrijf met contante verkopen voor het verkoopproces anders dan een handelsbedrijf met verkoop op rekening. Dat hierin weleens wat fout kan gaan, blijkt uit het volgende krantenbericht.

NRC HANDELSBLAD, 22 MEI 2012

Fraude franchisenemers supermarktketen

Franchiseondernemers van een voormalige supermarktketen blijken op grote schaal te hebben gefraudeerd. Dat is nog niet eerder vertoond in Nederland. De vraag is of dit alleen kon gebeuren bij franchisers, of ook bij eigen filialen van een supermarktketen.

Lege kratten bier telkens opnieuw door de emballagemachine halen en vervolgens zelf de statiegeldbonnetjes innen. Producten retour slaan in het kassasysteem terwijl de klant niets heeft teruggebracht naar de winkel. En de opbrengst van marktkraampjes in de supermarkt niet meetellen bij de dagopbrengst.
Gisteren bleek dat 110 van de 240 franchiseondernemers van een voormalige super-

marktketen uitermate creatief met hun boekhouding zijn omgesprongen. Een fraudezaak van een omvang die nog niet eerder is voorgekomen in de Nederlandse supermarktwereld.
Sinds 2006 hebben de franchisers volgens de Belastingdienst voor zo'n 18,3 miljoen euro aan omzet verzwegen. Op die manier droegen zij minder omzetbelasting en inkomstenbelasting af. Acht mannen, van wie naar verluidt zes voormalige franchisenemers van de voormalige supermarktketen zijn maandagavond gearresteerd. Gisteren is een negende arrestatie verricht.
Vanwege de overeenkomsten tussen de gehanteerde trucs gaat het Openbaar Ministerie ervan uit dat de franchisenemers met

elkaar hebben overlegd. Zo was er een groep ondernemers die elke week exact 499 euro afroomde. Ook waren er die iedere maandag en vrijdag precies 2.500 euro afboekten.

Kon dit alleen gebeuren bij franchiseondernemers? Of had het ieder willekeurig eigen filiaal van een supermarktketen kunnen zijn?

'Mensen die willen, kunnen altijd frauderen', zegt supermarktdeskundige Gerard Rutte. Maar hij erkent dat wat er bij de voormalige supermarktketen is gebeurd 'eigenlijk helemaal niet kan'. Het systeem van een franchisesupermarkt is immers vrij simpel. De eigenaar van de winkel bestelt producten, die komen in de schappen te staan en verlaten de winkel vervolgens weer via de kassa. Van de omzet draagt een franchiser een deel af aan het moederbedrijf. Als een supermarkt constateert dat er voortdurend verschillen zitten tussen het aantal producten dat binnenkomt en naar buiten gaat, slaat het bedrijf alarm. Rutte: 'Als je dan nu hoort dat een franchiseondernemer van de supermarkt 240.000 euro per jaar afroomde en in zijn eigen zak stak, kun je wel stellen dat er te weinig interne controle was. Dit had het hoofdkantoor op een gegeven moment door moeten krijgen. En anders de accountant wel.'

Hij noemt het 'ongelooflijk naïef' van de franchiseondernemers om te denken dat ze ermee weg zouden komen. De wijze waarop zij fraudeerden, was bovendien 'heel dom'. Dat supermarkten last hebben van zogeheten lekkage is niets vreemds, zegt Rutte. Er worden producten te veel besteld, er sneuvelen verpakkingen, er worden artikelen gestolen. Met die derving kunnen ondernemers rommelen, legt hij uit, maar dan moeten ze wel elke week een ander 'schadebedrag' invullen. En je kunt niet op maandagochtend al voor de winkel überhaupt open is, producten retour slaan. 'Hoe stom kun je zijn', verzucht retaildeskundige Paul Moers, die jarenlang bij een

supermarktketen heeft gewerkt. Het verbaast hem niet dat de fraude plaatsvond bij winkels van de (intussen verdwenen) supermarktketen. 'Dat was een uitermate zwakke supermarktformule. Qua opbrengst bungelden deze winkels aan de onderkant van de markt', zegt hij. Hij wijst op de omzetstijging van 45 procent nadat de supermarkt door een andere supermarktketen was overgenomen.

De gehele branche staat zwaar onder druk, vervolgt Moers. 'Bij alle supermarkten stagneert de omzet. Franchisers zien hun kosten al jaren oplopen terwijl hun marges afnemen. Zij zijn vreselijk ongerust. Kennelijk heeft dat geresulteerd in deze ziekelijke trucjes.'

Moers gelooft niet dat dergelijke grootschalige fraude bij andere supermarktketens zou kunnen voorkomen. 'Die gaan hier bloedserieus mee om', zegt hij. 'Ze willen niet dat hun imago wordt aangetast.'

Een woordvoerder van een supermarktketen geeft vooralsnog geen commentaar op de fraudekwestie. De supermarktketen wil niet vertellen op welke manieren het bedrijf fraude probeert te voorkomen. 'Onze franchisers worden strak aangestuurd. Wij zetten controlemiddelen in, op verschillende momenten en op verschillende manieren', zegt de persvoorlichter. Franchiseondernemers moeten zelf hun aangifte doen, dat loopt niet via het hoofdkantoor. De supermarktketen heeft wel een 'handhaversconvenant' met de Belastingdienst, waarin afspraken staan over de 'controles' en 'systeemtechnische zaken'. 'Sorry, concreter kan ik niet zijn', verontschuldigt hij zich. 'Maar laat ik in ieder geval zeggen dat er geen aanleiding is om aan te nemen dat het met de boekhouding van onze ondernemers niet goed zit.'

Bewerkt; bron: *NRC Handelsblad*, Barbara Rijlaarsdam, 22 mei 2012

Overigens zijn er bij de handel met contante verkoop ook steeds vernieuwingen. Een voorbeeld hiervan is het zelf scannen, waarbij de klant de artikelen tijdens het boodschappen doen scant met een handscanner en betaalt aan een betaalterminal met pinpas of mobiele telefoon. Steekproefsgewijs worden klanten gecontroleerd of alle artikelen wel zijn gescand.

7.3 Productie

Bij handel zijn de producten die binnenkomen dezelfde als die eruit gaan: soms in een andere verpakking maar meestal ook dat niet eens. Denk maar eens aan een supermarkt: de pakken melk komen op een trolley binnen en gaan in een winkelwagentje weer naar buiten, maar aan het pak zelf verandert niets. Een productiebedrijf verschilt wezenlijk van een handelsbedrijf omdat er 'wat anders uitkomt dan erin gaat'. We gaan eerst in op de verschillen tussen handel en productie. Daarna bespreken we de twee hoofdvormen van productie, massaproductie en stukproductie.

7.3.1 Productie: de verschillen met handel

Bij een productiebedrijf komen grondstoffen binnen, er worden machine- en mensuren aan toegevoegd en er komt een gereed product uit.
Dit onderscheid tussen handel en productie is in figuur 7.2 weergegeven.

FIGUUR 7.2 Handel en productie: de overeenkomsten en verschillen

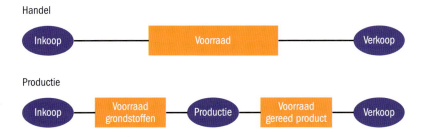

In deze figuur herken je de bovenkant van de waardekringloop voor de handelsonderneming. De rest van de waardekringloop is voor handel en productie gelijk.

Het verschil is dat er bij handel direct een verband te leggen valt tussen in- en verkoop volgens de inmiddels bekende formule: beginvoorraad + inkopen – eindvoorraad = verkopen.
Bij productie kan dit niet, want er worden grondstoffen ingekocht en eindproducten verkocht. Daartussen zit het productieproces.
Toch zijn de verbanden vrij eenvoudig te leggen:
- Grondstoffen: Beginvoorraad + Inkopen – Eindvoorraad = In productie
- Gereed product: Beginvoorraad + Uit productie – Eindvoorraad = Verkopen

Als er nu een duidelijk verband is tussen wat de productie ingegaan is volgens de eerste formule en uitgegaan volgens de tweede, blijft er sprake van harde verbanden in de geld- en goederenbeweging. Zo weet je bij een fietsenfabriek die één model maakt precies wat er nodig is voor het maken van een bepaald aantal fietsen. En dit principe blijft, tenminste bij massaproductie gelijk, onafhankelijk van hoe ingewikkeld het product is. De essentie blijft

steeds dat er een 'omzettingsproces' plaatsvindt van grondstoffen naar gereed product, zoals weergegeven is in figuur 7.3.

FIGUUR 7.3 Het productieproces

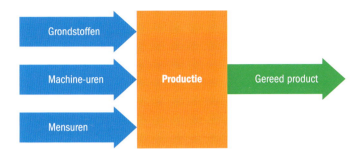

TUSSENVRAAG 7.3
Wat zal dit voor gevolgen hebben voor de voorraadfunctie bij een productiebedrijf ten opzichte van een handelsbedrijf?

In het typologiemodel (zie tabel 1.1) zie je bij productie de begrippen massaproductie en stukproductie. In zijn oorspronkelijke betekenis werd er bij
massaproductie geen rekening gehouden met de wensen van de individuele klant (denk aan de T-Ford: in elke kleur verkrijgbaar als die maar zwart
is) en bij stukproductie wel (de Gouden Koets is op speciale bestelling gemaakt). Tegenwoordig is dit onderscheid vervaagd, vanwege wat we noemen mass-customization. Dit betekent dat door het gebruikmaken van ICT
(massa)producten helemaal naar de wens van de klant kunnen worden gemaakt. Een bekend voorbeeld hiervan is de bankpas (het pasje op zich is
een echt massaproduct; elk pasje is hetzelfde) die je kunt laten maken met
een door jou gewenste foto of afbeelding erop. Toch is het onderscheid voor
administratieve organisatie nog steeds van belang, omdat er bij stukproductie geen sprake is van 'harde' productienormen. Dit betekent dat vooraf
niet precies bekend is hoeveel grondstoffen en uren nodig zijn om het product te maken. Het zijn dan ook 'unieke' producten. Denk hierbij aan kan-
toorgebouwen met een speciaal ontwerp, bruggen maar ook (nieuwe) software.

Mass-customization

We gaan nu eerst vrij uitgebreid in op massaproductie. Daarna zullen we
voor stukproductie alleen de belangrijkste verschillen ten opzichte van massaproductie bespreken.

7.3.2   Het productieproces bij massaproductie
In figuur 7.4 zijn de diverse fasen van het productieproces opgenomen, die
we vervolgens in deze paragraaf zullen bespreken.

FIGUUR 7.4 De fasen in het productieproces

We gaan er bij de bespreking van het proces wel van uit dat bekend is welk product we gaan produceren (en verkopen). Dat is een marketingbeslissing die in hoofdstuk 5 aan de orde gekomen is.

Figuur 7.5 geeft de eerste fase in het productieproces weer.

FIGUUR 7.5 Voorcalculatie

De eerste stap is de voorcalculatie. Zoals het woord al zegt, is dit een berekening van de kostprijs voordat de productie plaatsvindt. Het betekent 'wat mag het kosten?'. We noemen dit – bij massaproductie, waartoe we ons in deze paragraaf beperken – ook wel de standaardkostprijs. Een belangrijk gegeven hierin is de zogenoemde stuklijst, waarin staat aangegeven uit welke onderdelen (en welke hoeveelheden) het product bestaat, of dit nu een wasknijper of een auto is. Vervolgens wordt per onderdeel (grondstof) de prijs erbij gezet, zodat uitgerekend kan worden voor welk bedrag er aan grondstoffen nodig is. De volgende stap is het bepalen hoeveel mens- en machineuren nodig zijn om het product te maken. Bij een wasknijper is dit misschien per stuk 20 seconden van een arbeidskracht, terwijl bij een auto naast mensuren ook dure machine-uren (robots) gebruikt zullen worden. Net als bij de grondstoffen is hier een hoeveelheidcomponent (q) en een prijscomponent (p) aan de orde; kort gezegd p × q. Dit wordt vastgelegd in een zogenoemde bewerkingslijst. Voor de grondstoffen zal de prijs bij de afdeling Inkoop bekend zijn. De mens- en machine-uren zullen berekend moeten worden op basis van (bijvoorbeeld) salariskosten plus andere directe en indirecte personeelskosten en ook het aantal productieve uren per periode. We noemen dit ook wel het uurtarief. Hoe deze berekening technisch plaatsvindt, is een belangrijk onderdeel van het vakgebied bedrijfseconomie.

Als al deze elementen bekend zijn, dat wil zeggen p en q van de grondstoffen en uren, kan de standaardkostprijs berekend worden. Let wel, dit is de kostprijs en zegt dus niets over de verkoopprijs. Uiteraard heb je als bedrijf wel een probleem als de kostprijs hoger ligt dan de verkoopprijs. Aangezien deze laatste meestal door de markt en concurrenten gedicteerd wordt, streeft elk bedrijf naar een zo laag mogelijke kostprijs.

TUSSENVRAAG 7.4
Noem een aantal acties die de kostprijs kunnen verlagen.

Bedrijfsbureau Het opstellen van de voorcalculatie is meestal de taak van het bedrijfsbureau. Dit is een afdeling die een belangrijke rol speelt 'aan de voorkant' van het productieproces. Op een bedrijfsbureau werken vooral technisch georienteerde mensen die veel verstand hebben van productiemethoden, efficiency en planning. Voor de p-component van de diverse productiefactoren (grondstoffen en uren) krijgt het bedrijfsbureau informatie van de afdeling Inkoop (grondstoffen) en Controlling (tarieven).

Standaardkostprijs

Stuklijst

7

p × q

Uurtarief

Figuur 7.6 geeft de tweede fase in het productieproces weer.

FIGUUR 7.6 Planning

De volgende stap waar ook het bedrijfsbureau bij betrokken is, is de planning van de productie. Iemand zal moeten beslissen welke producten we –
bijvoorbeeld – volgende week zullen gaan maken. Het antwoord op deze
vraag is weer afhankelijk van het type bedrijf. Zo zal bij de productie van
melk de aanvoer vanaf de boeren bepalend zijn, bij de productie van bier de
voorraadontwikkeling en de verwachte vraag (wereldkampioenschap voet-
bal: veel bier) en bij auto's de verkoop (in principe worden auto's pas gemaakt als ze besteld zijn). Daarnaast is uiteraard de beschikbare productiecapaciteit van belang. Dit betekent dat het bedrijfsbureau op de hoogte moet
zijn van relevante en de meest actuele informatie. Een verkeerde planning
kan grote schade veroorzaken. Een vuurwerkfabriek die de productiepiek in
januari heeft, doet het niet goed.

Als de planning vaststaat, kan het echte productieproces beginnen.

Figuur 7.7 geeft de derde fase in het productieproces weer.

FIGUUR 7.7 Afgifte grondstoffen

Het sein om een bepaalde hoeveelheid producten te gaan maken, betekent
automatisch dat een bepaalde hoeveelheid grondstoffen nodig is. Op grond
van de productieplanning kan het magazijn deze grondstoffen 'klaarzetten'.
Vergelijk dit met het verkoopproces in het vorige hoofdstuk, waarin we hebben gezien dat de magazijnmeester goederen alleen mag afgeven op basis
van een verkooporder. Dat geldt hier ook. Op grond van een productieopdracht, mag de magazijnmeester grondstoffen afgeven aan de productieaf-
deling. Hij doet tegen kwijting, wat wil zeggen dat de productiemedewerker   **Kwijting**
in het systeem de ontvangst van de grondstoffen accordeert. Welke en hoeveel wordt berekend op grond van de productieopdracht en de stuklijst.

Figuur 7.8 geeft de vierde fase in het productieproces weer.

FIGUUR 7.8 Productie

Productie

Met de grondstoffen gaat de productieafdeling aan de slag. Hierbij worden de grondstoffen, met behulp van machines en mensen, omgezet ('getransformeerd') naar eindproducten. Hierbij is het zaak dat vastgelegd wordt hoeveel machine-uren en mensuren gebruikt worden. Tevens is het van belang dat bijgehouden wordt hoeveel producten gemaakt worden. Dat dit laatste simpel kan zijn, bewijst het volgende voorbeeld.

VOORBEELD 7.1

In de Zweedse regio Småland vormen de glasfabrieken (glasbruk op zijn Zweeds) een bezienswaardigheid. Hier wordt nog op traditionele wijze glaswerk geproduceerd. In een van die fabriekjes zijn vijf glasblazers aan het werk rond een ketel met kokende grondstof.

Als de glasblazers een product af hebben (bijvoorbeeld een vaas) wordt deze op een stalen werkbank gezet. Een zesde werknemer pakt dan zijn tang en loopt met de vaas naar een machine waar de laatste fase van het productieproces plaatsvindt. Voordat hij terugloopt 'turft' hij (zet gewoon een streepje) op een stuk papier, zodat precies gezien kan worden hoeveel vazen er gemaakt zijn. Dit is de enige functie van die man (op dat moment). Zo simpel kan het zijn.

In andere productieprocessen zal het wat ingewikkelder zijn en naarmate er meer sprake is van (proces)automatisering, zal er meer door machines zelf geregistreerd worden. Zo zal in een drukkerij op de drukpers een teller precies het aantal gedrukte kranten bijhouden. Aangezien dit tegenwoordig allemaal elektronisch gaat, is de koppeling met de administratie snel gelegd.

Figuur 7.9 geeft de vijfde fase in het productieproces weer.

FIGUUR 7.9 Afgifte gereed product

Na het productieproces volgt het omgekeerde als aan het begin: de goederen – maar nu de eindproducten – worden afgeleverd aan het magazijn. Ook dit gebeurt weer tegen kwijting. Hiermee is het productieproces ten einde gekomen. Wat volgt is nog één uit oogpunt van administratieve organisatie essentiële fase, namelijk de nacalculatie.

Figuur 7.10 geeft de zesde fase in het productieproces weer.

FIGUUR 7.10 Nacalculatie

We hebben gezien dat het proces startte met de voorcalculatie. Daarin werd bepaald 'wat het mocht kosten'. Om in termen van administratieve organisatie te spreken: dit was de norm, ofwel de soll-positie. Achteraf zijn we natuurlijk geïnteresseerd in wat het werkelijk gekost heeft en wat de verschillen heeft veroorzaakt (verschillenanalyse). Dit is onderwerp van de nacalculatie. Deze vindt op de administratie plaats.

Nacalculatie

TUSSENVRAAG 7.5
Waarom vindt de verschillenanalyse niet op het bedrijfsbureau plaats?

Bij de nacalculatie wordt het normatieve verbruik van de diverse componenten (grondstoffen, mens- en machine-uren) afgezet tegen het werkelijke verbruik. Onder normatief verbruik verstaan we 'wat had het verbruik mogen zijn gegeven het geproduceerde aantal eindproducten?'. We geven een simpel voorbeeld: als we 500 auto's gemaakt hebben, mogen 2.500 banden (incl. reserveband) gebruikt zijn. Door dit verbruik te vergelijken met wat er werkelijk verbruikt is, komen we onder meer inefficiënties op het spoor, de zogenoemde efficiencyverschillen. Daarnaast blijken er andere verschillen, zoals bezettings- en prijsverschillen. We zullen nu niet verder op deze begrippen ingaan.

In deze paragraaf hebben we stilgestaan bij het productieproces, binnen een omgeving van massaproductie. We hebben daarbij de processtappen gevolgd en hebben kennisgemaakt met essentiële begrippen uit de administratieve organisatie rond productie: voor- en nacalculatie.

7.3.3   Het productieproces bij stukproductie

Voor de beheersing en daarmee de administratieve organisatie is stukproductie ingewikkelder dan massaproductie, Omdat er echter ook veel overeenkomsten zijn, gaan we hierna alleen in op de belangrijkste verschillen.

Hét kenmerk van stukproductie is dat elk product uniek is. Hierbij gaat het vaak om dure zaken zoals een schip, een gebouw of een infrastructureel werk (wegen, bruggen, tunnels) Dat betekent dat je niet met een standaardkostprijs kunt werken. Per product, eigenlijk per order, moet je vooraf gaan berekenen wat de kostprijs gaat worden. Daarom spreken we hier over een ordergewijze voorcalculatie.

TUSSENVRAAG 7.6
Waarom kan een ordergewijze voorcalculatie pas gemaakt worden als er sprake is van een order?

Het zal duidelijk zijn dat als je per order de voorcalculatie maakt, dat dit dan ook voor de nacalculatie moet gelden. Dit heeft dan weer als gevolg dat de werkelijke kosten die gemaakt worden (uren, materialen) per order moeten worden geadministreerd. Hierbij mag het niet zo zijn dat kosten voor order A terechtkomen op order B. Om dit te bereiken is een goede administratieve organisatie rondom de projectadministratie nodig. In deze projectadministratie worden de kosten per order (project) geregistreerd en vergeleken met de voorcalculatie.

**Project-
administratie**

Waarin de administratieve organisatie van stukproductie wezenlijk verschilt van massaproductie is dus de wijze van voor- en nacalculatie. Daarnaast is de volgorde van de diverse stappen bij stukproductie ingewikkelder dan bij massaproductie. Bij massaproductie koop je eerst de grondstoffen in en dan ga je produceren. Bij stukproductie zal je, omdat het vaak om langlopende projecten gaat, bepaalde materialen pas inkopen als ze nodig zijn, terwijl de productie dan al volop bezig is. Denk hierbij bijvoorbeeld aan de dakpannen bij de bouw van een huis.

Zowel bij handel als bij productie is sprake van een geld- en goederenbeweging. Dit is niet, of in mindere mate, het geval bij de laatste categorie die we gaan bespreken, namelijk dienstverlening.

7.4 Dienstverlening

Als we naar de Nederlandse economie kijken, heeft die zich de laatste tientallen jaren ontwikkeld van een industriële naar een dienstverleningseconomie. Industrieën als de textielindustrie, mijnbouw, scheepsbouw en vliegtuigindustrie zijn voor een groot deel verdwenen. Daar staat een sterke groei in dienstverlenende bedrijven tegenover, of dit nu de horeca is of transportondernemingen, pretparken of adviesbedrijven zijn (om een paar voorbeelden te noemen). Deze bedrijven hebben ten opzichte van de handelsbedrijven en productiebedrijven het kenmerk dat er niet of nauwelijks sprake is van een goederenbeweging. Daarom kan bij de administratieve organisatie niet gesteund worden op de verbanden in de goederenbeweging, zoals we die bij handels- en productiebedrijven gezien hebben. Dit maakt het een stuk ingewikkelder om tot een goede administratieve organisatie te komen. Om enige structuur in de grote categorie dienstverlening te brengen, is in het typologiemodel de in tabel 7.2 genoemde indeling ontworpen.

TABEL 7.2 Typen dienstverlenende bedrijven

a	Bedrijven met een zekere doorstroming van goederen die eigendom zijn
b	Bedrijven met een zekere doorstroming van goederen van derden
c	Bedrijven die leveren via vaste leidingen
d	Bedrijven die informatie of informatiediensten leveren
e	Bedrijven met beschikbaarstelling van ruimte met specifieke reservering
f	Bedrijven met beschikbaarstelling van ruimte zonder specifieke reservering
g	Overige dienstverlenende bedrijven

Gezien het karakter van dit boek gaan we slechts kort in op deze verschillende typen. Hierbij zullen we een beschrijving geven en ook een voorbeeld. Verder geven we aan wat de belangrijke verbanden zijn en welke eventuele andere maatregelen van administratieve organisatie nodig zijn.

Type a Bedrijven met een zekere doorstroming van goederen die eigendom zijn
De eerste categorie dienstverlening is die waarin nog een zekere doorstroming van eigen goederen plaatsvindt, dat wil zeggen goederen die ingekocht worden door de onderneming.

Het bekendste voorbeeld hiervan is het restaurant. Hierin vindt doorstroming van goederen plaats zoals bij de productieonderneming: de grondstoffen zijn de ingrediënten en het eindproduct is de maaltijd. Toch is het dienstverlening, omdat de relatie tussen de prijs en het product maar in een beperkte mate wordt bepaald door de grondstoffen en veel meer door zaken als bediening, sfeer, locatie enzovoort. Daarom zijn de verbanden tussen de inkoop van ingrediënten en de verkoopopbrengst veel minder hard dan bij de fietsenfabriek.

Hoewel er wel gebruikgemaakt wordt van de verbanden (op basis van de recepten zal een beoordeling kunnen plaatsvinden van verstrekte maaltijden en gebruikte ingrediënten), zal er meer gesteund moeten worden op aanvullende procedures. Hierbij kun je denken aan een functiescheiding tussen bediening en keuken. Hierbij is het doel dat producten pas de keuken (of de bar) verlaten als ze zijn geregistreerd in de administratie. Een IT-hulpmiddel hierbij is een 'handheld' waarop de bediening de bestelling registreert. Op basis van dat gegeven kan de keuken of de bar aan de slag. Daarnaast zijn, net als in de supermarkt, goede kasprocedures van belang. Tot slot zal het zogenoemde 'oogtoezicht' door de leidinggevende een belangrijke rol spelen. Dit betekent niet anders dan dat bijvoorbeeld de manager een 'oogje in het zeil houdt'; een krachtig – maar duur – middel van interne controle.

Oogtoezicht

Type b Bedrijven met een zekere doorstroming van goederen van derden
Er zijn veel bedrijven waar goederen van derden 'doorstromen'. Denk hierbij aan transportbedrijven en ook aan bijvoorbeeld wasserijen en garagebedrijven (reparatie).
Het verschil met de vorige categorie is dat de inkomende goederen niet ingekocht worden. Er is dus geen verband mogelijk in de geld- en goederenbeweging voor wat betreft de inkomende goederen. Dit betekent dat aanvullende maatregelen nodig zijn. In ieder geval zijn dit maatregelen rond de ontvangst van de goederen en daarmee de order tot dienstverlening. Er moet een goede ontvangst- en orderregistratie zijn.
De andere maatregelen hangen af van het type bedrijf. Bij het garagebedrijf zal een urenverantwoording van de monteurs centraal staan, waarbij de uren op de diverse reparatieopdrachten 'geschreven' worden. Bij het transportbedrijf vindt een registratie plaats van het tijdstip waarop de goederen op de plek van bestemming zijn afgeleverd. Ook hierbij kan IT weer een belangrijke rol spelen. Denk aan de tracking-systemen waarmee je je via internet bestelde goederen kunt volgen.

Type c Bedrijven die leveren via vaste leidingen
Bedrijven die leveren via vaste leidingen kenmerken zich door het feit dat zowel een bedrag voor de aansluiting in rekening wordt gebracht als een bedrag voor geleverde goederen of diensten. Bij dit type bedrijf kun je denken aan elektra, water maar ook aan mobiele telefonie en internetproviders.
Voor de geleverde goederen (bijvoorbeeld water) ligt er een duidelijke relatie met het handels- of productiebedrijf. Voor het bepalen van de afname door de klant zijn procedures nodig rond het opnemen van de stand van de watermeter. Wat daarnaast belangrijk is, is een goede aansluitingsadministratie, waarin de klanten geregistreerd staan. Hierbij kan aansluiting gezocht worden met bijvoorbeeld de geplaatste watermeters: het aantal uitgegeven watermeters moet gelijk zijn aan het aantal aansluitingen.

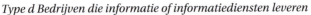

Type d Bedrijven die informatie of informatiediensten leveren
We leven in een informatiemaatschappij. Dit heeft tot gevolg dat er nieuwe bedrijfstakken zijn ontstaan die zich toeleggen op het leveren van informatie. Denk aan digitale muziekwinkels en leveranciers van digitaal kaartmateriaal ten behoeve van navigatiesystemen. In dit soort bedrijven zal veel aandacht uitgaan naar de beheersmaatregelen binnen de computersystemen.

Type e Bedrijven met beschikbaarstelling van ruimte met specifieke reservering
Een voorbeeld van een bedrijf met beschikbaarstelling van ruimte met specifieke reservering is een hotel. Maar ook luchtvaartmaatschappijen en huisverhuurmaatschappijen werken volgens dit principe. In tegenstelling tot de categorieën *a* tot en met *c* is hier geen enkele sprake van een goederenbeweging. Er zal dus naar iets anders gezocht moeten worden.
Bij dit type bedrijven wordt voor de beheersing van de volledigheid van de verantwoorde omzet aansluiting gezocht bij de capaciteit. We geven een voorbeeld: als Ronnie's hotel 20 kamers heeft van €100 per stuk, is de opbrengst per nacht €2.000, tenzij er kamers leegstaan. Daarom heeft Ronnie bedacht dat deze leegstandscontrole mooi door de schoonmaakdienst uitgevoerd kan gaan worden. Mooi geformuleerd gaat het bij dit type bedrijf om capaciteit minus leegstand.

Type f Bedrijven met beschikbaarstelling van ruimte zonder specifieke reservering
Een bedrijf zonder specifieke reservering stelt ook ruimte beschikbaar. Bijvoorbeeld de bioscoop, het zwembad of een concertzaal. En hoewel je hier feitelijk een plaats kunt reserveren, is het qua typologie toch anders dan de categorie hiervoor. Daar kon de opbrengst namelijk worden gecontroleerd door de capaciteit minus de niet-bezette capaciteit (leegstand). Hier gaat dat moeilijker of is het niet mogelijk. Denk bijvoorbeeld aan een zwembad of een concertzaal met staanplaatsen.
In dit type bedrijf staat de organisatie van de toegangscontrole centraal: je moet een bewijs hebben dat je betaald hebt om binnen te mogen komen. Dat kan een code op je telefoon zijn, een polsbandje of – misschien een beetje ouderwets – een kaartje. Bij dit laatste spreken we van quasigoederen: er is namelijk geen goederenbeweging, maar met de kaartjes wordt deze als het ware gecreëerd.

Quasigoederen

Type g Overige dienstverlenende bedrijven
In de categorie overige dienstverlening vallen een heleboel bedrijven. Onder meer adviesbureaus, reclamebureaus, makelaars en accountantskantoren vallen onder deze categorie. Per bedrijf zal gezocht moeten worden naar aanknopingspunten voor de waarborg van de volledigheid van de verantwoorde omzet. Welke dit zijn, voert te ver in het kader van dit boek.

TUSSENVRAAG 7.7
Welke typologieën die we in dit hoofdstuk hebben besproken, komen voor bij Recra bv? Geef aan welke activiteiten dit betreft.

Samenvatting

In dit hoofdstuk hebben we kennisgemaakt met de verschillende typologie-
en. We hebben gezien dat er bedrijven zijn met een duidelijke geld- en goederenbeweging (handel en productie) en bedrijven waar dat minder of niet
het geval is (dienstverlening). Zowel binnen handel als binnen productie
zijn er subcategorieën, omdat de eisen die aan de administratieve organisatie gesteld worden behoorlijk verschillen. Bij dienstverlening is er, naarmate
je verder in de typologie gaat, steeds minder sprake van een goederenbeweging waar je voor de noodzakelijke verbanden op kunt steunen.

7

Vraagstukken

V7.1 Color bv is een middelgrote fabriek van verven en lakken voor gebruik binnens- en buitenshuis. Zij voert ongeveer 100 producten. Color is een innovatief bedrijf, wat onder meer tot uitdrukking komt in de milieuvriendelijke grondstoffen die ze, voor zover mogelijk, gebruikt. Ontwikkelde producten worden uitgebreid getest voordat wordt beslist ze in productie te nemen. Er zijn ongeveer 70 mensen werkzaam.
Onder de productiedirecteur valt onder meer het hoofd Bedrijfsbureau. Deze geeft leiding aan een drietal medewerkers. Pasgeleden heeft het hoofd aangegeven te vertrekken om met zijn vrouw een camping in Frankrijk te starten.
Schrijf de tekst voor een personeelsadvertentie voor de werving van een nieuw hoofd bedrijfsbureau. Ga hierin uitgebreid in op de functie-inhoud en de functie-eisen.

V7.2 In het hoofdstuk hebben we gezien dat een restaurant hoort tot de categorie 'dienstverlening met een zekere doorstroming van eigen goederen'.
Geldt dit voor elk restaurant of zijn er ook restaurants die meer het karakter van een andere typologie hebben en zo ja, welke? Bediscussieer dit in groepjes van vijf studenten.

V7.3 Bedenk een administratieve organisatie gericht op de omzet van een garagebedrijf die uitsluitend reparatiewerkzaamheden uitvoert. Hiervoor beschikt het bedrijf over een werkplaats en een onderdelenmagazijn. Behandel hierbij de onderwerpen:
- functiescheiding
- processen
- verbanden.

8
Ontwikkelingen in de administratieve organisatie

In de voorgaande hoofdstukken hebben we het vakgebied van de administratieve organisatie verkend. In dit hoofdstuk kijken we naar de 'omgevingsfactoren'. Want de organisaties waar we het steeds over hebben, opereren niet op een 'eiland'. Zij werken in een omgeving en moeten hun plek in die omgeving zien te veroveren en te behouden. En dat is niet eenvoudig. Vooral niet omdat de omgeving volop in ontwikkeling is. We behandelen daarom drie belangrijke onderwerpen, namelijk informatietechnologie (IT), globalisering en regelgeving. Informatietechnologie is niet meer weg te denken uit ons leven. Door de IT en nieuwe technologieën als smartphones en tablets vinden ook in het bedrijfsleven ingrijpende veranderingen plaats. Eén hiervan is dat de wereld steeds kleiner wordt. In dit kader wordt wel gesproken over de 'global village'. Dit biedt soms bedreigingen, denk aan concurrentie uit opkomende economieën als China, India en Brazilië, maar ook veel kansen. Door gebruikmaking van IT kunnen bedrijven bijvoorbeeld snel communiceren met leveranciers in de hiervoor genoemde landen en besteden ze ook delen van hun bedrijfsprocessen uit. Een derde, recente ontwikkeling is toegenomen regelgeving. Helaas zijn eind vorige en begin deze eeuw een paar bedrijven flink de fout ingegaan. Hierdoor bleken deze bedrijven er ineens veel slechter voor te staan dan gedacht, wat veel werknemers hun baan heeft gekost en beleggers veel geld. Overheden hebben hierop gereageerd door regels voor te schrijven waar bedrijven zich aan moeten houden, met name waar het gaat om beheersing van hun bedrijfsvoering en de risico's die daarmee samenhangen. Een van de nieuwe vakgebieden die hierdoor zijn ontstaan, is risicomanagement. Het hoofdstuk begint met een korte historie van het vak administratieve organisatie.

VivaSignora

In het internationale zakenblad *Business 21th* was het volgende (vanuit het Engels vertaalde) artikel te lezen.

De internationale kledinggigant VivaSignora is vijftien jaar geleden in Amsterdam gestart met een trendy winkel in de chique P.C. Hoofstraat. De eigenaresse, Marjon Dekzeil, beschikte over een zesde zintuig om de nieuwste trends te ontdekken. Door een uitgekiende marketing, waaronder artikelen in toonaangevende lifestylebladen en optredens in populaire tv-programma's, werd haar naam snel gevestigd. Het aantal winkels is snel uitgebreid, eerst in Nederland, maar later ook in de rest van Europa, gevolgd door de Verenigde Staten en Azië. Op dit moment bestaat de keten uit 435 winkels in alle grote steden van de wereld. Nog steeds is het in kunnen spelen op de mode de motor achter het succes van de onderneming. Daarnaast bereikt ze een groot publiek door kwalitatief goede, maar betaalbare producten aan te bieden. Dit heeft ertoe geleid dat ze de concurrentie vanuit opkomende landen als Brazilië (die een keten succesvolle winkels met tropisch getinte kleding exploiteert) en, recent, India (die het mystieke Oosten in haar kledinglijnen verwerkt) goed aankan.

Sleutel van het succes is verregaande automatisering in combinatie met een effectieve vorm van ketenintegratie. Dit komt er in het kort op neer dat de kassasystemen van alle winkels gekoppeld zijn aan het centrale computersysteem in Amsterdam. Op basis van de dagelijkse verkopen berekent het systeem de trendmatig verwachte verkopen per artikel voor de komende vier weken. Op basis hiervan stuurt het systeem de voorraadbeweging tussen de filialen aan. Indien bijvoorbeeld in het filiaal in Milaan een bepaald kledingstuk 'hot' is, omdat een lokale tv-ster het gedragen heeft, stuurt het systeem deze artikelen vanuit filialen waarin het artikel minder snel loopt, naar Milaan. Mocht dit nog niet voldoende zijn, dan wordt er direct – online – een order geplaatst bij een van de preferred suppliers in China of Maleisië. Hierbij worden de tekeningen en specificaties van de kledingstukken via internet verstuurd. De leveranciers, met wie langlopende samenwerkingscontracten zijn gesloten, kunnen deze direct inlezen in hun geautomatiseerde productiemachines. Daarna worden de goederen direct verzonden naar die filialen die ze, volgens de meest recente prognoses, op dat moment nodig hebben. De financiële afhandeling, facturen en betaling, gebeurt volledig online. Alleen indien het systeem afwijkingen constateert, moet een van de administratief medewerkers zich ermee bemoeien. Overigens is de gehele administratie 'geoutsourcet' aan een Shared Service Center in Bombay.

8.1 Een korte historie

Administratieve organisatie is een typisch Nederlands vakgebied. In de Verenigde Staten bijvoorbeeld, een land waar veel innovaties vandaan komen, bestaat het vak niet als zodanig.

In Nederland gaan de wortels van het vak terug tot de jaren twintig van de vorige eeuw. Met name in accountantsland en de accountantsopleiding heeft het vak zich in eerste instantie verder ontwikkeld. Hierbij ging het vooral om de voor de accountant belangrijke vraag van de 'volledigheid van de opbrengsten', zoals we in hoofdstuk 4 ook gezien hebben. Binnen accountantsland werd het al snel duidelijk dat de volledigheid niet alleen zogenoemd 'gegevensgericht' gecontroleerd kan worden. Bij 'gegevensgericht' controleert de accountant wat er in de administratie staat, terwijl het bij de volledigheid juist gaat om wat er *niet* in de administratie staat. Daarom is men al snel gaan denken in de 'verbanden' zoals we die in hoofdstuk 4 gezien hebben en die afhankelijk zijn van de typologie. In de ontwikkeling van de accountantscontrole in andere landen heeft dit minder centraal gestaan.

Was de eerste invalshoek van het vak administratieve organisatie dus de accountantscontrole, al snel vond het zijn weg naar de ondernemingen zelf. In het begin door de adviesfunctie van de accountant. Want wanneer de accountant aandacht besteedt aan de administratieve organisatie is het logisch dat hij de onderneming adviseert als hij hierin tekortkomingen, zogenoemde leemten tegenkomt. De volgende stap was natuurlijk dat ook de ondernemingen zelf zich met de administratieve organisatie gingen bezighouden. Het is natuurlijk vooral voor de organisatie zelf van belang dat de administratieve organisatie goed functioneert, zeker als we nog even in gedachten nemen wat administratieve organisatie allemaal omvat (zie hoofdstuk 3).

Adviesfunctie van de accountant

Leemten

Het zal duidelijk zijn dat het vakgebied administratieve organisatie ontstaan is, toen het woord computer nog niet eens bestond. Vanaf pakweg 1980 wordt de rol die computers, of beter Electronic Data Processing (EDP) in organisaties speelt steeds belangrijker. Vanaf het einde van de twintigste eeuw heeft dit onder invloed van internet een verdere vlucht genomen en de ontwikkelingen zijn nog lang niet afgelopen. De opgave voor wetenschap en praktijk is deze ontwikkelingen te integreren in het traditionele vak administratieve organisatie. In de Verenigde Staten is het andersom, daar is administratieve organisatie als onderdeel van het vakgebied Information Systems ontwikkeld. Je zou kunnen zeggen dat Nederland daardoor last heeft van de 'wet van de remmende voorsprong', vooral ook omdat automatisering niet zomaar in bestaande organisatieconcepten kan worden ingebracht, maar tot hele nieuwe vormen van organisaties leidt, sterker nog, tot hele nieuwe bedrijven. In de tijd van het ontstaan van administratieve organisatie in Nederland bestonden bol.com, eBay en andere internetbedrijven uiteraard niet. In de volgende paragraaf schetsen we kort hoe de automatisering zich vanaf omstreeks 1960 heeft ontwikkeld.

EDP

8

8.2 Informatietechnologie

In deze paragraaf schetsen we een kort beeld van de historie van informatietechnologie (IT).

In de ontwikkeling van ICT kunnen we grofweg drie fasen onderscheiden die allemaal nog voortduren:
1 de mainframes en minicomputers (vanaf 1960)
2 de personal computer (vanaf 1980, eerst stand-alone maar al snel in een netwerk)
3 de interneteconomie (vanaf 1995)

We lichten de begrippen kort toe.

Ad 1 De mainframes en minicomputers

Mainframes
Domme terminals

De eerste computers waren 'kamervullende bakbeesten' die nog volledig op transistors gebaseerd waren. Dit waren op zichzelf staande machines die met geen enkel ander apparaat of computer konden communiceren. Dit soort machines vonden hun weg vooral naar massale 'gegevensfabrieken', zoals banken, uitkeringsinstanties en luchtvaartmaatschappijen. In de eerste fase waren ze toegankelijk door 'domme' terminals die via eigen datalijnen met het mainframe verbonden waren. De term 'dom' houdt in dat deze terminal, die uiterlijk wel wat van de tegenwoordig alom aanwezige pc weg heeft, niets kan zonder het mainframe.

Minicomputers

Later ontstonden de zogenoemde minicomputers, waarbij anders dan bij de mainframes, de hardware en de besturingssoftware door verschillende leveranciers geleverd werden. Tegenwoordig kunnen we de mainframes en/of minicomputers via verschillende kanalen benaderen, waaronder onze eigen pc, laptop, tablet en zelfs onze mobiele telefoon, om bijvoorbeeld een vlucht te reserveren. Mainframes vereisen forse investeringen, niet alleen qua aanschaf maar ook qua beheer (operations). In een mainframeomgeving is dan ook meestal sprake van een automatisering met al gauw minimaal enige tientallen medewerkers, om de dagelijkse gang van zaken te regelen, en om bijvoorbeeld programma's aan te passen. Om die reden zijn het alleen de grote ondernemingen die met mainframes werken. Dit betekende in de begintijd dat andere organisaties weinig profiteerden van de automatisering.

Ad 2 De personal computer

Personal computer

Automatisering was niet meer alleen voorbehouden aan grote ondernemingen toen begin 1980 de personal computer (pc) op de markt verscheen.

In feite is dit de computer zoals we die nu in groten getale in bedrijven, maar ook op scholen en niet te vergeten huizen, tegenkomen. Hoewel het principe van de pc van 1980 en nu hetzelfde is, zijn de machines niet meer vergelijkbaar qua (reken)kracht en qua opslagcapaciteit. Dit zijn twee van de drijvende krachten achter de automatiseringsrevolutie: onder invloed van steeds krachtiger processors kunnen computers steeds meer en de opslag van gegevens wordt steeds goedkoper. Had een pc in 1981, als die al een harde schijf had, een capaciteit van 1 MB, tegenwoordig zijn harddisks van een terabyte geen uitzondering. In het begin was de pc echt 'personal'. De 'persoonlijke productiviteit' werd erdoor verhoogd, maar meer ook niet. Dit veranderde toen de pc's aan elkaar gekoppeld konden worden, wat al snel geleid heeft

'Client-server' architectuur

tot de 'client-server' architectuur. Hierbij zijn de pc's (die anders dan de 'domme' terminals ook zelf over verwerkingskracht beschikken) – de clients – gekoppeld aan een centrale computer, de server. Dit kan een mainframe of mini zijn, maar binnen kleinere organisaties kunnen ook krachtige pc's als netwerkserver optreden. De technische koppeling betekent trouwens niet dat de daarop draaiende systemen ook direct gekoppeld werden. In veel bedrijven was sprake van verschillende systemen (bijvoorbeeld voorraad, verkoopinformatie, financieel) die op verschillende computers draaiden en niet met elkaar communiceerden. We spreken in dit verband van eilandautomatisering. Pas toen er meer uniforme standaarden, protocollen, ontstonden die zorgden voor een betere communicatie tussen systemen, is de integratie van de diverse toepassingen verder op gang gekomen.

Eiland-automatiscring

Protocollen

Eén vorm van integratie binnen de automatisering willen we apart benoemen, namelijk de enterprise resource planning, ERP-pakketten. Dit zijn grootschalige softwaretoepassingen die het gehele bedrijfsproces ondersteunen, van inkoop tot P&O (personeelszaken), van productie tot financiën en van verkoop tot klantenservice. Deze systemen ondersteunen de hele bedrijfsvoering, op welke locatie die ook plaatsvindt. Gegevens worden slechts eenmaal in het systeem vastgelegd, zodat alle afdelingen op basis van dezelfde gegevens werken. Deze systemen hebben grote invloed op de inrichting van de organisatie en op de administratieve organisatie, onder meer omdat bijvoorbeeld productiemachines ook door dergelijke systemen kunnen worden aangestuurd.

Enterprise resource planning

Ad 3 De interneteconomie
Met de komst van internettechnologie is de volgende fase van de automatisering ingeluid. Niet alleen omdat ineens miljoenen computers over de hele wereld met elkaar kunnen communiceren, maar ook omdat, vanwege de uniforme communicatieprotocollen, afstanden binnen bedrijven wegvallen. De buitenlandse vestigingen van een multinational zijn 24 uur per dag, 365 dagen per jaar, online bereikbaar. Ook ontstaan voor bedrijven nieuwe mogelijkheden om met klanten en leveranciers te communiceren.

De internet- en computerrevolutie is nog lang niet afgelopen en niemand kan voorspellen wat de toekomstige ontwikkelingen zullen zijn.
Door de opkomst van draadloos Internet, beschikbaar via vrijwel overal toegankelijk WiFi en via de telecombedrijven, is de toegang tot informatie en informatiesystemen zowel zakelijk als privé nauwelijks meer plaatsgebonden. Het gebruiken van software op een PC heeft zich in korte tijd ontwikkeld tot het gebruik van een app op een smartphone, anyplace, anytime, anyhow.
Het gerenommeerde onderzoeksbureau Gartner beschrijft de gevolgen van deze ontwikkeling met een model met de naam Nexus of Forces: vier krachten die op zich al een sterke invloed hebben, maar die door hun samenhang elkaar ook nog versterken. Dit zorgt voor zogenoemde disruptieve innovatie, waarbij complete bedrijfstakken op hun kop worden gezet. Denk daarbij aan Airbnb en Ueber, maar ook aan het verdwijnen van klassieke winkelketens als V&D.
De vier krachten van Gartner zijn: Cloud, Social, Mobile en Big Data.

8

Nexus of Forces

Disruptieve innovatie

Bij cloud computing. staan de gegevens en de programma's niet meer op computersystemen van het bedrijf zelf, maar bevinden deze gegevens zich ergens 'in the cloud'. Dat wil zeggen dat er dienstverleners zijn die deze faciliteiten via internet aanbieden. Zo kunnen bedrijven en hun medewerkers de programma's en gegevens altijd en overal benaderen, zonder zich druk te hoeven maken om het beheer van de achterliggende systemen.

Cloud computing

Welke risico's zijn aan cloud computing verbonden?

Social

Social zijn de social media, zoals Whatsapp, Facebook, Instagram en You-tube. Via deze media delen mensen hun gebeurtenissen, meningen, gegevens en andere zaken met elkaar, maar ook met bedrijven.

Mobile

Mobile houdt in dat je niet meer aan een enkele plaats bent gebonden bij het gebruiken van informatie, denk aan de tablet en smartphone.

Big Data

Big Data is een containerbegrip dat duidt op het beschikbaar komen en verwerken van enorme hoeveelheden gegevens. Het begrip wordt wel eens aangeduid met de drie V's Volume; het gaat bijvoorbeeld om alle aangesloten mensen op Facebook (ruim 1 miljard abonnees die iedere dag wel iets opslaan); Velocity: de gegevens komen in hoog tempo beschikbaar, denk aan trajectcontroles op de A2 waarbij de nummerborden van tienduizenden auto's per dag worden gescand en Variety: gegevens van diverse bronnen worden met elkaar gecombineerd. Dit laatste opent meteen interessante mogelijkheden voor AO: de overheid kan door zogenoemde registercontroles realtime zien wie er met een onverzekerde auto rondrijdt en of de eigenaar van de auto nog een belastingschuld heeft openstaan

Volume
Velocity

Variety

TUSSENVRAAG 8.2
Hoe kan de overheid nagaan wie er met een onverzekerde auto rondrijdt en of de eigenaar van de auto nog een belastingschuld heeft openstaan?

De toepassingsmogelijkheden van Big Data worden nog veel groter door de combinatie met Mobile, Social en Cloud. Zo genereren de eigenaren van smartphones naast de data over hun smartphone gebruik (geraadpleegde websites, geplaatste berichten enzovoort) ook nog eens enorme hoeveelheden data over hun verblijfplaats. Daarnaast plaatsen zij grote hoeveelheden berichten, meningen, en belevenissen die via analyses leiden tot het opstellen van profielen, waardoor bedrijven precies te weten kunnen komen wat voor voorkeuren de bezitter van de telefoon heeft. Op basis daarvan kan men dan bijvoorbeeld gepersonaliseerde aanbiedingen doen.

TUSSENVRAAG 8.3
Welke andere stakeholders zouden nog meer gebruik kunnen maken van de combinatie van Social, Mobile en Cloud? En met welk doel?

Het gebruik van Mobile, Social en Cloud brengt de nodige AO-uitdagingen en ook mogelijkheden met zich mee. Als een bank een app voor internetbankieren ter beschikking stelt van het publiek, moet het gebruik van die app uiteraard veilig kunnen plaatsvinden. Maar het publiek moet ook weten dat gebruikmaken van een public WiFi hotspot betekent dat onbevoegden makkelijk kunnen meekijken. Datzelfde geldt voor medewerkers van een bedrijf die buiten de muren van hun kantoor mobiel werken.

TUSSENVRAAG 8.4
Welke risico's kleven er aan het Mobile toegang hebben tot de bedrijfsgegevens door medewerkers? Noem er minstens 3.

Een laatste ontwikkeling die we hier willen noemen is Internet of Things. Hierbij is het niet meer de mens die gegevens verstrekt, maar zijn het apparaten. Een voorbeeld hiervan zijn auto's die verbonden zijn met het internet of kopieermachines die zelf een onderhoudsbeurt aanvragen bij de leverancier. Deskundigen verwachten dat dit de grote revolutie van de komende jaren zal worden.

Internet of Things

Doordat bedrijven via het internet verbonden zijn met de gehele wereld is uitwisseling van gegevens tussen bedrijven en organisaties de laatste jaren enorm toegenomen. Dit heeft, zoals we in het vervolg zullen zien, effecten op het gebied van de samenwerking tussen bedrijven. Maar ook gegevensuitwisseling tussen bedrijven en andere instanties, zoals banken, de Kamer van Koophandel en de Belastingdienst gebeurt steeds meer digitaal. Een ontwikkeling die we hierbij willen noemen is SBR, ofwel voluit Standard Business Reporting. Hiermee kunnen vanuit bijvoorbeeld de boekhouding van de onderneming geautomatiseerd gegevens aan genoemde instellingen worden verstrekt.

SBR

Standard Business Reporting

8.3 Globalisering

In deze paragraaf gaan we kijken wat de invloed is van globalisering op de administratieve organisatie. Om dit te kunnen doen is het noodzakelijk eerst stil te staan bij het begrip globalisering. Populair gezegd kun je globalisering omschrijving als het gegeven dat de wereld steeds 'kleiner' wordt doordat afstanden vervagen. Dit heeft onder meer tot gevolg dat grensoverschrijdend ondernemen steeds makkelijker wordt.
Een aantal onderliggende krachten die aan globalisering ten grondslag liggen bestaan al heel lang, maar in de afgelopen periode zijn er met name technische doorbraken geweest die globalisering in een stroomversnelling hebben gebracht. We gaan in de volgende subparagraaf kort in op een aantal van deze onderliggende krachten. Daarna zullen we kijken wat de gevolgen zijn van de globalisering op het bedrijfsleven van nu. Tot slot staan we stil bij de vraag wat de gevolgen zijn voor de administratieve organisatie.

8.3.1 Onderliggende krachten
De eerste factor die verantwoordelijk is voor de globalisering is al eeuwen oud. Namelijk de wens van zakenmensen om te groeien en expansie na te streven. Dit betekende dat zowel aan de afzetkant als aan de inkoopkant nieuwe markten werden aangeboord. Aan de afzetkant natuurlijk om de omzet te laten groeien, aan de inkoopkant om nieuwe producten en daarmee nieuwe markten te ontdekken. Uiteindelijk heeft dit geleid tot wereldomvattende bedrijven (multinationals); overigens wordt als eerste multinational de Vereenigde Oost-Indische Compagnie (VOC) beschouwd, die in de zeventiende en achttiende eeuw de handel tussen Europa en Azië beheerste. Hoewel toen nog niet met de snelheid van vandaag, was er in die tijd dus al sprake van globalisering.

In de achttiende eeuw ontstond de industriële revolutie, die volgens de geschiedenisboekjes tot begin twintigste eeuw duurde, maar die in feite nog doorloopt. Deze periode kenmerkt zich door een aantal belangrijke uitvindingen die nieuwe producten deden ontstaan en de prijzen van producten in het algemeen sterk deden dalen. Uitvindingen die dit mogelijk maakten

8

zijn onder meer elektriciteit, de verbrandingsmotor (voorafgegaan door de stoommachine) en de ontdekking van aardolie.

In de tweede helft van de twintigste eeuw krijgt de globalisering een nieuwe impuls, ook door het ontstaan van nieuwe markten. Dit is onder meer het gevolg van de val van de Berlijnse Muur en daarmee de toegang tot landen van het voormalig Oostblok met als belangrijkste markt natuurlijk Rusland. Daarnaast ontwaakt een aantal in potentie economische reuzen die zich melden op het wereldtoneel. Voorbeelden hiervan zijn Brazilië, India en natuurlijk China. Om een voorbeeld te geven: doordat China zijn deuren openzet en buitenlandse bedrijven toelaat, ontstaat er een markt van 1,3 miljard mensen (ongeveer 20% van de wereldbevolking). Ter vergelijking: de Europese Unie heeft ongeveer 510 miljoen inwoners; China is dus driemaal zo groot. Naast het feit dat dit een gigantische potentiële markt is, ontstaan er ook nieuwe concurrenten. Chinese (om bij dat voorbeeld te blijven) bedrijven zoeken hun plaats op de wereldmarkt. Dit heeft een tendens versterkt die al een tijdje aan de gang was bij westerse bedrijven, namelijk de druk om de kostprijs van de producten zo laag mogelijk te krijgen. Dit heeft er bijvoorbeeld toe geleid dat bedrijven hun productie (deels) verplaatsen naar lagelonenlanden.

Bandbreedte

Stand alone

LAN

WAN

De laatste onderliggende kracht van de globalisering die momenteel speelt, is de invloed van IT. Hierop zijn we in de vorige paragraaf uitgebreid ingegaan. Op deze plaats willen we één element eruit lichten dat specifiek bijdraagt aan de globalisering en dat is het begrip bandbreedte. In de vorige paragraaf hebben we gezien dat in het begin van de IT-revolutie computers op zichzelf stonden, zogenoemde stand alone-toepassingen. Later ontstonden netwerken, eerst binnen de onderneming LAN, het zogenoemde local area network, maar later ook buiten de grenzen van de onderneming WAN, wide area network. Bij dit laatste gaan er data over een datalijn, te vergelijken met een telefoonlijn. Internet heeft hier een belangrijke impuls aan gegeven, doordat het losse netwerken met elkaar verbond, waardoor er een, allesomvattend wereldwijd netwerk ontstond. Hier spreken we ook wel over de elektronische snelweg. Maar, in het begin van internet, was dit meer een zandpad dan een snelweg.

Elektronische snelweg

Bandbreedte

En net als op de weg, hoe breder de weg is, hoe meer verkeer er overheen kan. Dit bedoelen we met bandbreedte. Deze bandbreedte is de laatste jaren enorm toegenomen, vooral door het gebruik van glasvezelkabels. Zonder dit soort technieken zou een film downloaden van internet dagen duren (als de boel al niet verstopt zou raken). Ook voor bedrijven en instellingen betekent de toegenomen bandbreedte een grote vooruitgang. Een aantal voorbeelden waar dit toe kan leiden, geven we in de volgende subparagraaf.

TUSSENVRAAG 8.5
Noem een aantal kenmerken van VivaSignora die samenhangen met globalisering.

8.3.2 Gevolgen voor het bedrijfsleven

In de vorige subparagraaf hebben we gezien dat er allang een ontwikkeling is ingezet, waarin het bedrijfsleven op zoek is naar nieuwe markten. Daarnaast is er een constante druk op de kostprijs van de producten. Deze ontwikkelingen hebben er onder meer toe geleid dat veel bedrijven op verschillende plaatsen in de wereld vestigingen hebben en dat geldt niet alleen voor de bekende multinationals. Een probleem voor dat soort bedrijven was altijd de besturing van de vestigingen elders in de wereld. Informatie (zeker op papier) deed er lang over en even ingrijpen in de bedrijfsvoering van de vestiging in bijvoorbeeld Hongkong, was niet echt makkelijk. Door de internetrevolutie en het gebruik van geïntegreerde softwarepakketten (met name ERP-systemen) ontstaat er virtueel één bedrijf. Zo kan in de openingscasus de directie van VivaSignora in Amsterdam dagelijks de ontwikkelingen in haar winkels volgen. Je zult begrijpen dat al dit verkeer een enorm beslag legt op de elektronische snelweg, maar dankzij breedband is dit geen probleem. Daardoor neemt ook de hoeveelheid data toe, bijvoorbeeld doordat meer gedetailleerdere verkoopinformatie beschikbaar is in vergelijking met vroeger.

Tegenwoordig heeft een beetje detailhandel, zo ook VivaSignora, een zogenoemde Point-of-Sale terminal (POS). Hierbij is de kassa een onderdeel van het computersysteem dat geheel is geïntegreerd in de administratie (waaronder de voorraadadministratie). Het maakt niet uit of het de winkel in Amsterdam, Milaan of Hongkong is.

POS

Breedband heeft in het kader van het streven naar efficiency ook volledig nieuwe mogelijkheden geopend.

VOORBEELD 8.1

Belastingadvieskantoor A maakt aangiften voor overwegend vermogende particulieren. Onder meer op basis van deze aangiften worden de klanten geadviseerd. Aangezien deze adviezen de klanten veel belasting helpen besparen, zijn klanten bereid hoge uurtarieven voor dit werk te betalen. Dit geldt echter niet voor het maken van de aangiften.

Daarom heeft het kantoor het maken van de aangiften uitbesteed aan een gespecialiseerd kantoor in India, dat dit voor een fractie van de kosten van het belastingadvieskantoor kan doen. Alle informatie van de klant wordt gescand en in een digitaal dossier naar India gestuurd. Daar wordt de aangifte gemaakt die in elektronische vorm wordt teruggestuurd in zodanige vorm dat, na een korte controle, de aangifte ook direct elektronisch bij de Belastingdienst kan worden ingediend.

8

In dit voorbeeld komt een nieuwe vorm van organiseren voor, namelijk 'outsourcing'. Dit is niets anders dan uitbesteden, met dit verschil dat degene aan wie wordt uitbesteed op een ander continent kan zitten en dat alle communicatie elektronisch plaatsvindt. In dit kader wordt ook wel de term 'offshoring' gebruikt, wat in feite niets anders is dan outsourcing 'ver weg'. Door de elektronische snelweg doen afstanden er niet meer toe, vanuit Amsterdam communiceer je net zo snel met Assen als met Bombay. Wel zien we inmiddels de tendens dat bedrijven erachter komen dat offshoring ook nadelen heeft, bijvoorbeeld ten gevolge van tijdverschillen. Daarom worden toch weer mogelijkheden dichterbij gezocht, maar wel daar waar de kosten laag zijn, zoals de Oekraïne of Bulgarije. Deze offshoring wat dichterbij heet 'nearshoring'.

Outsourcing

Offshoring

Nearshoring

Tot slot vermelden we dat de ontwikkelingen zoals deze hiervoor zijn besproken grote invloed hebben op de supply chain. Hiermee bedoelen we de hele keten van leverancier van de oorspronkelijke grondstoffen tot de eindgebruiker.

Supply chain

FIGUUR 8.1 Supply chain VivaSignora

Ontwerpers → Leveranciers stoffen → Productie-ateliers → Transporteurs → Winkels VivaSignora → Klant

Wat we tegenwoordig zien is een steeds nauwere samenwerking tussen de diverse schakels in de supply chain. De doelstelling die hierbij nagestreefd wordt, is zowel optimalisatie van het eindproduct als efficiency van het productieproces. We noemen dit ook wel ketenbeheer, ketenoptimalisatie of supply chain management. Hierdoor gaan bedrijven steeds vaker 'strategic partnerships' met elkaar aan. Een bedrijfstak die hier ver mee gevorderd is, is de auto-industrie.

TUSSENVRAAG 8.6
Doet VivaSignora ook aan supply chain management?

Naast supply chain management zien we ook zogenoemde 'netwerkorganisaties' ontstaan. Dit zijn samenwerkingsverbanden van allerlei bedrijven, over de hele wereld, die nauw met elkaar samenwerken en via het web met elkaar communiceren. Hierbij trekt elk van de bedrijven zich terug op zijn 'core business', namelijk dat deel van het proces waar het in gespecialiseerd is.

e-facturering

Dit vereist dan wel weer veel contact tussen de diverse bedrijven maar ook hier kan IT behulpzaam zijn. Voorbeelden hiervan zijn dat leveranciers gekoppeld zijn aan de voorraadadministratie van hun afnemers en zo op tijd kunnen leveren zonder een menselijke tussenkomst in de vorm van een bestelling. De facturering kan dan ook geheel automatisch plaatsvinden e-facturering waarbij ook de controles, boeking en betalingsvoorstel geautomatiseerd zijn. Overigens blijkt dit in de praktijk best lastig en zijn er ook veel juridische aspecten die een rol spelen (bijvoorbeeld: aan welke eisen moet een factuur – in diverse landen – voldoen?).

In deze paragraaf hebben we een aantal ontwikkelingen in ondernemingen bekeken, onder invloed van wat we globalisering noemen. Overigens gelden deze ontwikkelingen natuurlijk net zo hard voor hele andere organisaties, zoals universiteiten en ziekenhuizen.

- -

VOORBEELD 8.2
Ziekenhuizen kunnen zich laten bijstaan door superspecialistische chirurgen die de operatierobots meebesturen terwijl ze op een ander continent zitten. Een ander voorbeeld is het via de digitale snelweg verzenden van röntgen-foto's die door artsen ergens anders in de wereld geanalyseerd worden.

- -

In het laatste deel van deze paragraaf gaan we in op de gevolgen van globalisering voor de administratieve organisatie.

8.3.3   Gevolgen voor de administratieve organisatie

De hiervoor geschetste ontwikkelingen hebben een grote invloed op de bedrijfsvoering en soms zelfs op het gehele bedrijfsmodel. In het verlengde hiervan zijn er ook gevolgen voor de administratieve organisatie.
De 'technische' gevolgen van IT zijn in de vorige paragraaf aan de orde gekomen. Hierna gaan we kort in op een paar andere aspecten.

Het eerste gevolg is dat met name door toepassing van bedrijfsbrede, over verschillende vestigingen in verschillende landen, softwaretoepassingen (ERP) meer standaardisatie van processen mogelijk of zelfs noodzakelijk wordt.

TUSSENVRAAG 8.7
Waarom wordt door toepassing van ERP standaardisatie van processen noodzakelijk?

Hierbij is het zo dat de inrichting van de administratieve organisatie in toenemende mate wordt bepaald door de eisen vanuit de software. Daar staat tegenover dat moderne ERP-pakketten zo zijn opgebouwd dat ze helemaal 'op maat' ingericht kunnen worden.

Een tweede aspect is dat er veel meer informatie beschikbaar komt (denk nog even aan het begrip managementinformatie uit hoofdstuk 4). Van de ene kant is dit mooi, want wat je niet weet, daar kun je ook niet op ingrijpen. Van de andere kant bestaat het gevaar dat je door de bomen het bos niet meer ziet. We noemen dit ook wel 'information overload'. Dit heeft tot gevolg dat de administratieve organisatie en daarmee de ICT zodanig moeten worden ingericht dat alleen die informatie naar voren komt die noodzakelijk is.

TUSSENVRAAG 8.8
Geef een voorbeeld bij VivaSignora waar information overload dreigt te ontstaan.

Daarnaast brengt outsourcing ook gevolgen met zich mee voor de administratieve organisatie. Deze liggen op twee gebieden. Ten eerste moeten de geoutsourcete activiteiten beheerst worden. Waar de administratieve organisatie oorspronkelijk ook bedoeld was om de eigen activiteiten te beheersen (kijk nog even terug naar hoofdstuk 3) moeten nu ook de activiteiten van de partner op zijn minst worden gevolgd. Dit leidt tot het tweede en misschien nog wel meer ingrijpende gevolg van de outsourcing: grenzen tussen bedrijven vervagen. Dit betekent dat de organisaties en daarmee ook de administratieve organisaties meer op elkaar afgestemd moeten worden. Dit leidt tot nieuwe vraagstukken, waardoor het vak een interessante toekomst tegemoet gaat.

In deze paragraaf stond het begrip 'globalisering' centraal. Samen met de IT-ontwikkelingen, die in paragraaf 8.2 zijn besproken, zorgt dit voor een enorme dynamiek. Een punt van aandacht, dat in beide paragrafen kort is aangestipt, is hoe deze dynamiek beheerst moet worden. Helaas is er, zoals we al in hoofdstuk 3 gezien hebben, een aantal gevallen bekend waarbij de ondernemingsleiding niet goed kon omgaan met de dynamiek. Dit heeft geleid tot boekhoudschandalen. In reactie hierop heeft met name de wetgever in de Verenigde Staten ingegrepen. In het kielzog daarvan komt ook in andere landen steeds meer regelgeving op ondernemingen af. Zo ook in Nederland. Dit is het onderwerp van de volgende paragraaf.

8

8.4 Regelgeving

In hoofdstuk 3 hebben we gezien dat het begrip interne beheersing steeds belangrijker wordt. In dit hoofdstuk zijn ontwikkelingen geschetst die de dynamiek vergroten en de beheersing bemoeilijken. Begin eenentwintigste eeuw gingen een paar grote Amerikaanse bedrijven als Enron (energie) en World-Com (telecom), maar ook Europese bedrijven als Ahold in de fout wat betreft de correctheid van hun financiële verslaglegging (corporate jaarverslagen). In feite gaven deze corporate jaarverslagen geen correct financieel beeld van de gang van zaken bij deze bedrijven. Bij Enron en World-Com verdwenen er miljoenen en werden er door de bedrijven voor miljarden aan schulden gemaakt. In een aantal gevallen bleken ook wetten te zijn overtreden. Door het bekend worden van deze schandalen daalde de beurswaarde van de betreffende bedrijven dramatisch, zodat beleggers grote verliezen leden. Zelfs is een aantal bedrijven failliet gegaan, zodat alle aandeelhouders hun geld kwijt waren en alle medewerkers hun baan. Dit is eigenlijk een vorm van fraude en diefstal, wat uiteindelijk leidde tot celstraffen voor het betrokken topmanagement.

In reactie op deze boekhoudschandalen en de financiële crisis is er over de hele wereld een tendens naar meer spelregels en regulerende wetgeving voor bedrijven. De twee belangrijkste voor dit boek, namelijk die in de Verenigde Staten en Nederland, komen in deze paragraaf aan de orde. Eerst maken we kennis met het begrip Corporate Governance.

8.4.1 Corporate Governance

'De CEO besprak de impact van SOx met zijn CFO. Hij vroeg zich af of ook voor andere compliance onderwerpen het COSO-model kon worden gebruikt. De CFO legde de link met Corporate Governance en daarna met Enterprise Risk Management. Afgesproken werd dat de CFO een analyse zou uitvoeren wat de gevolgen zouden zijn op hun managerial control.'

In dit citaat staat een aantal termen, die allemaal raakvlakken hebben met administratieve organisatie. In deze en volgende paragrafen zullen de genoemde begrippen worden verklaard, waarbij de relatie met de administratieve organisatie zal worden toegelicht.

Corporate governance

Een begrip dat vooral bij grotere bedrijven en instellingen steeds vaker voorkomt, is governance. Letterlijk betekent het Engelse 'to govern' regelen, sturen, leiden of beheersen. Bij corporate governance gaat het om het integer en goed managen van het hele bedrijf. Met name door de beursschandalen is dit begrip governance steeds belangrijker geworden. Een goede definitie van governance is:

> Governance is the culture, policies, processes, laws and institutions that define the structure by which companies are directed and managed. (Bron: OCEG)

Risk management

Deze aandachtsgebieden bestrijken de totale verantwoordelijkheid en aansprakelijkheid van directies. Het betreft ook het managen en beheersen (minimaliseren) van bedrijfsrisico's, waardoor bedrijfsdoelen niet zouden kunnen worden behaald. Risk management is een methode, die voor dit onderkennen, monitoren en managen van de belangrijkste bedrijfsrisico's veel wordt gebruikt.

Een ander deel van governance is dat een directie moet voldoen aan alle
verplichte wet- en regelgevingen, die extern door allerlei instanties aan het
bedrijf worden opgelegd. Denk aan het publiceren van een jaarverslag,
arbo-, milieuvoorschriften en ga zo maar door. Een groot bedrijf kan zo te
maken hebben met meer dan tientallen wet- en regelgevingen, waaraan het
moet voldoen. Het voldoen aan alle extern opgelegde wetten en verplichtingen plus het naleven van alle interne corporate policies, wordt aangeduid
met de term compliance. Dit is afgeleid van het werkwoord 'to comply', wat   **Compliance**
staat voor 'het voldoen aan'.

TUSSENVRAAG 8.9
Bedenk een aantal extern opgelegde wetten en regels waar een gemid-
deld productiebedrijf aan moet voldoen. Denk daarbij ook eens aan wetten, die specifiek voor bepaalde branches gelden.

Het spreekt voor zich dat een directie voor zowel risk management als alle
compliance-onderdelen een goed functionerende administratieve organisatie nodig heeft om een bedrijf of instelling 'in control' te krijgen en te houden. Onderdelen hiervan zijn goede vastleggingen van gegevens, inzicht
waar het bedrijf grote risico's loopt, een complete set aan relevante procedures, autorisatieschema's (wie heeft welke bevoegdheden) en een actueel organisatieschema. Maar ook dient duidelijk te zijn of alle procedures correct
worden nageleefd door het personeel en het management. Juist dit controleren op de naleving is van essentieel belang. Indien bij controles en checks
blijkt dat alle regels en procedures correct worden toegepast/nageleefd,
spreekt men van het 'in control' zijn. Een veelgebruikte term hierbij is mana-   **In control**
gerial control, wat zoveel wil zeggen dat de directie het bedrijf zo managet   **Managerial**
dat zij het bedrijf onder controle heeft.   **control**

8.4.2   SOx
De boekhoudschandalen hebben in de Verenigde Staten in 2002 geleid tot
extra wetgeving: de Sarbanes Oxley Act (SOx). In deze wetgeving is vastge-   **Sarbanes Oxley**
legd dat bedrijven, die aan de Amerikaanse effectenbeurs genoteerd zijn   **Act**
(dit kunnen ook buitenlandse – dus ook Nederlandse – bedrijven zijn), een
deugdelijk intern financieel controlesysteem moeten hebben. Zo'n controle-   **SOx**
systeem moet een correcte financiële weergave in het jaarverslag borgen. De
SOx-wet bepaalt ook dat de accountants nu een grondig oordeel moeten geven over twee aspecten met betrekking tot het corporate jaarverslag:
1 Heeft de directie een intern financieel controlesysteem opgezet, dat aan-
   toonbaar correct en effectief functioneert?
2 Waardoor wordt bereikt dat de cijfers in het corporate jaarverslag daadwerkelijk kloppen, zodat het jaarverslag een correcte weerspiegeling is
   van de financiën gedurende het gehele boekjaar?

Deze SOx-wetgeving bepaalt nu ook dat niet alleen de eindverantwoorde-
lijke managers in de directies en Raden van Bestuur persoonlijk aansprakelijk zijn voor een niet-correct jaarverslag, maar dat ook de betrokken accountant aansprakelijk kan worden gesteld.

Om een goedkeurende verklaring van de accountant te krijgen voor het corporate jaarverslag, zal deze tests uitvoeren op de totale financiële verslaglegging (vastlegging, waardering, correcte toepassing van financiële procedures
enzovoort). Hij gaat op zoek naar risico's in de totale financiële boekhouding
(en werkwijze), die kunnen leiden tot niet-correcte cijfers in het jaarverslag.

8

De goedkeurende SOx-verklaring van de accountant wordt het '404 State-ment' genoemd, dat in feite weergeeft dat de directie voldoet aan de eisen van deze SOx-wet. Ook is voor SOx een '302 Statement' in het jaarverslag van de directie vereist, waarin de directie verantwoording neemt (en daardoor aflegt) dat zij voldoen aan de gestelde eisen van de toezichthoudende in-stantie (de SEC – Securities & Exchange Commission – de toezichthouder op de New York Stock Exchange).

8.4.3   Nederlandse Corporate Governance Code

In Europa is er op basis van deze Amerikaanse SOx-wet in verschillende lan-den een afgeleide variant voor lokale beursgenoteerde bedrijven ontstaan, zoals de Combined Code in Engeland en de Kodex in Duitsland.

Nederlandse Corporate Governance Code

In Nederland hebben we de Nederlandse Corporate Governance Code. Eer-dere versies hiervan stonden bekend als de code Tabaksblat, naar de voor-zitter van de commissie die de oorspronkelijke code heeft opgesteld. Het voldoen aan de code is onderdeel van de totale compliance. Het verschil tussen de SOx-wet en de Nederlandse code is dat je aan alles van de wet moet voldoen en de code je de vrijheid geeft om af te wijken, maar met ver-melding waarvan én hoe je afwijkt (Comply or Explain). Beursgenoteerde bedrijven zijn op grond van het Besluit inhoud jaarverslag, wettelijk ver-plicht deze toelichting in het jaarverslag op te nemen.

8.5 Risk management

'De Corporate Risk Officer vroeg zich af of de risk appetite bij een aantal bedrijfs-onderdelen niet te hoog was, gegeven de bedrijfsdoelstellingen. Hij vroeg zijn se-cretaresse een afspraak te maken met elke lokale Risk manager om over hun Risk maps te praten.'

Hier staan heel wat kreten en termen, die allemaal gerelateerd zijn aan het begrip risk management. Nu de financiële wereld sinds 2008 op zijn kop staat vanwege onder meer enorme kredietrisico's, wordt de roep om meer overheidscontrole (toenemende compliance) en het goed uitvoeren van ge-

Risk management

relateerd risk management steeds luider. Risk management is als volgt gede-finieerd:

> Risk Management is the coordinated activities to direct and control an organization to realize opportunities while managing negative events (risks). Risk is the effect of uncertainty on business objectives.
>
> (Bron: OCEG)

Gebaseerd op geïnventariseerde, potentiële risico's probeert een bedrijf met risk management fouten in de bedrijfsvoering te voorkomen, dan wel het ef-fect van de risico's te minimaliseren door middel van controlerende be-heersmaatregelen. Bij geconstateerde afwijkingen kunnen dan correctieve acties worden genomen.

Dit vraagt om een 'internal control framework' dat verder gaat dan de tra-ditionele management control. Een belangrijke reactie hierop is de publi-catie van het zogenoemde COSO-rapport in de Verenigde Staten. Inmid-

COSO-model
COSO-ERM

dels zijn er meerdere varianten van het COSO-model in omloop, waarvan er één het COSO-ERM model is. ERM staat in dit kader voor Enterprise Risk Management.

Dit 'framework' is in een kubus weergegeven, zie figuur 8.2.

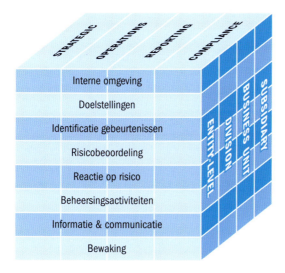

De bovenzijde van de kubus geeft de doelstellingen aan waar internal control zich op richt:
- Strategic. Gericht op de strategische doelstellingen.
- Operations. Goede besturing van de bedrijfsactiviteiten.
- Reporting. Betrouwbare interne en externe (jaarrekening) informatie.
- Compliance. Voldoen aan wet- en regelgeving.

De rechterzijde van de kubus is relatief het minst interessant; hier staat weergegeven dat het concept van 'internal control' voor alle organisatie-eenheden geldt.

Aan de voorzijde van de kubus komen de diverse onderdelen van het geïntegreerde model aan de orde.

Interne omgeving
Risk management in welke vorm dan ook begint met de hele opzet en inrichting van de organisatie. Deze in het COSO-model genoemde 'interne omgeving' heeft betrekking op de structurering en inrichting van de organisatie met als basis het organogram, de functiebeschrijvingen, autorisatieschema's, procedures en dergelijke. Maar ook de normen en waarden, bedrijfsprincipes en dergelijke dienen hierbij duidelijk te worden gemaakt. Hierbij kom je vaak het begrip 'the tone at the top' tegen: vindt de topleiding control belangrijk of niet en geeft zij het goede voorbeeld? Bij een aantal bedrijven die getroffen zijn door een boekhoudschandaal, bleek de topleiding (te) sterk gefocust op groei en winst. Control en administratieve organisatie kregen dan minder de aandacht.

The tone at the top

Doelstellingen
Om risk management toe te passen, worden als uitgangspunt allereerst de belangrijkste doelen voor komend jaar concreet gedefinieerd. Voorbeelden kunnen zijn 'x% groei van het marktaandeel, structurele kostenreducties met y%, starten in een nieuw marktsegment' of iets dergelijks. Deze gestelde doelen dienen zo kwantitatief en concreet mogelijk te worden gedefinieerd.

Om een en ander inzichtelijk te krijgen, worden per doel de gerelateerde bedrijfsprocessen vastgesteld, waardoor deze doelen hoofdzakelijk worden gerealiseerd.

Identificatie van gebeurtenissen
Per bedrijfsproces worden in workshops mogelijke risico's geïnventariseerd (identificatie gebeurtenissen), die het behalen van de gestelde doelen negatief kunnen beïnvloeden. Tijdens discussies bij dergelijke workshops, waarbij de sleutelfunctionarissen aanwezig zijn, komen niet alleen risico's (bedreigingen) maar ook kansen aan het licht, die verbeteringen van de bedrijfsvoering tot gevolg kunnen hebben.

Risicobeoordeling
Om de risico's inzichtelijk en bespreekbaar te maken, worden de risico's op basis van hun impact en de kans dat ze voorkomen grafisch weergegeven. **Risk map** Figuur 8.3 is een voorbeeld van zo'n risk map.

FIGUUR 8.3 Risk map van een chipfabrikant

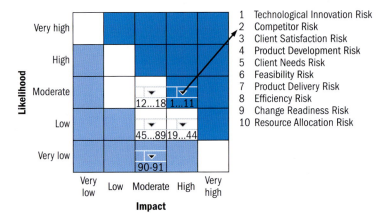

Op basis van zo'n inzichtelijke weergave kan een bedrijf in sessies onderling bepalen welke risico's men belangrijk vindt om te beheersen. In de praktijk worden er prioriteiten gesteld en worden de toprisico's met de grootste negatieve impact bepaald, die van wezenlijke invloed kunnen zijn op het behalen van de bedrijfsdoelstellingen. Tijdens de prioritering wordt bepaald hoe groot het financiële risico is, dat een bedrijf nog accepteert. Dit 'risiconiveau' wordt aangeduid met de term risk appetite. Grotere risico's moeten **Risk appetite** worden gemonitord met behulp van beheers- dan wel controlemaatregelen om hun impact te neutraliseren of te minimaliseren.

Reactie op risico's
Voor deze grootste risico's wordt gekeken of er beheers- dan wel controlemaatregelen kunnen worden gedefinieerd. Soms zijn er beheersmaatregelen
vast te stellen, maar sommige risico's moet men misschien verzekeren (kans
op bedrijfsbrand) of moet men accepteren, omdat er sowieso geen controlerende maatregelen mogelijk zijn.

Beheersingsactiviteiten
Dit zijn alle activiteiten binnen de (administratieve) organisatie, die ervoor
moeten zorgen dat de organisatie in control is. Hierin is een breed scala van
beheersmaatregelen opgenomen, waarvan de belangrijkste in dit boek besproken zijn.

Informatie en communicatie
Zoals we ook in dit boek gezien hebben, is informatie eigenlijk waar het om
draait binnen de administratieve organisatie. Alles is erop gericht de juiste
(betrouwbare) informatie te verstrekken om de organisatie in control te
doen zijn.

Bewaking
Met een zekere frequentie worden tijdens het jaar de beheersmaatregelen
getest en wordt aan de hand van de testresultaten vastgesteld of het risico
voldoende wordt geneutraliseerd of geminimaliseerd. Bij tekortkomingen
worden bijvoorbeeld extra beheersmaatregelen genomen op basis van de
gevonden oorzaken (monitoring en bewaking). Zowel het uitzetten van de
tests (webbased) als het rapporteren over de testresultaten kan automatisch
door middel van software tools worden ondersteund.

Vanwege toenemende complexiteit van de bedrijfsvoering door onder meer
globalisering en steeds meer samenwerkingsverbanden zal risk management een steeds belangrijkere rol gaan spelen voor het management van ondernemingen. Het hiervoor besproken model is een zogenoemd integrated
framework, dat een robuust raamwerk is voor ondernemingsrisicomanage-
ment, waarbij op een effectieve wijze alle risico's worden geïdentificeerd, beoordeeld en beheerd. Het is vanzelfsprekend dat een dergelijk intern controlesysteem gebaseerd moet zijn op een correcte en complete invulling van de
administratieve organisatie. Geconstateerde fouten of onvolkomenheden uit
tests kunnen worden gebruikt om de relevante onderdelen van de administratieve organisatie aan te passen en te verbeteren. Maar wat ook kan blijken, is dat het gedrag van het management en/of het personeel met betrekking tot het naleven van afspraken of procedures voor verbetering vatbaar is.

Integrated framework

Samenvatting

In dit hoofdstuk hebben we een aantal ontwikkelingen geschetst waarmee
de moderne manager te maken kan krijgen. Rode draad binnen dit hoofdstuk is 'continue verbetering' en dan met name veroorzaakt door mogelijkheden en risico's door toenemende concurrentie, nieuwe kansen in de
markt, voortschrijdende technologie, nieuwe samenwerkingsrelaties en
strengere wet- en regelgeving. Belangrijke katalysator voor dit geheel zijn de

technologische (IT-) ontwikkelingen. Vanuit het perspectief van de administratieve organisatie hebben we gezien dat het belangrijk is dat al deze vernieuwingen beheerst en goed ingevoerd worden. Omdat de ontwikkelingen steeds verder en ook steeds sneller gaan, staat het vak administratieve organisatie een uitdagende toekomst te wachten.

8

Vraagstukken

V8.1   Voor de Nederlandse economie is de transportsector over de weg een belangrijke bedrijfstak.
Onderzoek op welke wijze IT in deze bedrijfstak van invloed is.

V8.2   In 2011 en 2012 is Europa getroffen door de zogenoemde eurocrisis.
Zoek op internet een vijftal artikelen over dit onderwerp op en ga na in hoeverre elementen van globalisering hierbij een rol gespeeld hebben.

V8.3   Download van internet de Nederlandse Corporate Governance code. Geef aan op welke manieren het begrip internal control in deze code aan de orde komt.

8

Antwoorden tussenvragen

Hoofdstuk 1

1.1   **a** Het primaire proces van een speelgoedzaak bestaat uit de inkoop en ontvangst van ingekomen speelgoed, het opslaan, prijzen en uitstallen in de winkel en ten slotte de verkoop van het speelgoed aan de klant.

     b Het verkoopproces bestaat uit een klant die de winkel inkomt, speelgoed uitzoekt, eventueel wordt geholpen bij vragen, vervolgens bij de kassa het laten inpakken en betalen van het product.

     c Een klant komt terug met een PlayStation-spel. De winkel controleert of dit spel volgens de regels terug kan worden genomen. Als dit zo is wordt het spel teruggenomen en ontvangt de klant een tegoedbon of geld. Zo niet, dan wordt het spel niet teruggenomen.

     d   1   Is het spel defect en valt het onder de garantie?
           2   Wordt het spel teruggegeven binnen de geldende retourtermijn?
           3   Wordt het teruggegeven spel compleet teruggegeven (inclusief de kassabon)?

     e   • Je zou het spel kunnen verzegelen (voorkomt misbruik door kopiëren).
         • Je kan de retourtermijn kort houden (voorkomt een tijdje spelen en dan na voldoende spelplezier teruggeven).
         • Je kan geld niet teruggeven, maar alleen een eenmalige retourbon geven (voorkomt dat men steeds weer nieuwe spellen probeert).

1.2   **a** Globalisering betekent dat zakelijke klanten steeds vaker vestigingen in andere landen zullen hebben. Dat betekent dat geldverkeer en dienstverlening in verschillende landen moeten kunnen plaatsvinden. Ook moet EPB kennis hebben van de regels van het financiële verkeer van die betreffende landen.

     b Steeds vaker zullen informatie en transactie via internettechnologie moeten kunnen plaatsvinden (plaats- en tijdonafhankelijk). Dat betekent kennisontwikkeling van de mogelijkheden en risico's van deze technologie bij de financiële dienstverlening.

     c Organisatieontwikkelingen betekenen dat de interne organisatie flexibel genoeg moet zijn om mee te kunnen bewegen met de vraag van de klant. De bank zal dus kennis en expertise moeten hebben van de organisatorische principes die zo effectief en efficiënt mogelijk de interne processen inrichten en organiseren om de klantvraag te kunnen bedienen.

1.3   **a** De klant betaalt zelf postbezorging, producten veranderen van plaats.
        II Dienstverlening

     b De student betaalt niet alles zelf, maar wordt gefinancierd door de overheid.
        II Privaatrechtelijk

     c De klant betaalt, waarbij onderdelen fysiek veranderen in een eindproduct.
        I Productiebedrijf

     d De klant betaalt zelf voor het lidmaatschap, geen fysiek product.
        II Dienstverlenend

  e De klant betaalt voor een persoonlijke dienst bij de verkoop van een huis.
     II Dienstverlenend
  f De overheidstaak bekostiging via belastingen.
     II Overheid

1.4 **a** Bedrijfsproces = Verkoopproces in de winkel
     b Risico's:
       - verkeerd prijzen van de artikelen
       - verkeerde/onvolledige betaling en teruggave
       - niet-betrouwbare voorraadregistratie
       - bevoorrechten van vriendjes
     c • Scheiding van het helpen van de klant en de kassahandeling.
       - Scheiding logistiek/voorraadbeheer en verkoop en scheiding van de administratie/registratie.
       - Hanteren van geautomatiseerde systemen met koppeling tussen voorraadbeheer, verkoopgegevens en kassahandelingen.
     d Benodigde gegevens:
       - verkoopgegevens
       - voorraadgegevens
       - kassahandelingen

Hoofdstuk 2

2.1 Subproces 3:
     3.1 Verkoper identificeert zich met badge.
     3.2 Verkoper authenticeert zich met pincode.
     3.3 Verkoper neemt gsm uit magazijnschap.
     3.4 Verkoper controleert gsm door vergelijking van typenummer van bestelling met typenummer op verpakking en door visuele inspectie van de afbeelding.

     Subproces 6:
     6.1 Verkoper slaat artikelnummer aan op de kassa (of scant de barcode op de verpakking van de gsm) en scant het EMEI-nummer.
     6.2 Verkoper noemt het bedrag aan de koper.
     6.3 Koper betaalt het bedrag (contant of via pin).
     6.4 Verkoper deactiveert het gekochte artikel.

2.2 Er is een aantal maatregelen te noemen:
     1 Allereerst zullen de verkopers goed opletten wat er in de winkel gebeurt.
     2 Verder zal de winkel alleen demonstratiemodellen bevatten die óf dummy zijn (niet werkende gsm's) óf gsm's die aan de ketting liggen (weliswaar niet in de casus genoemd, maar waarschijnlijk is iedereen hiermee bekend).
     3 De ruimte waar de verkoopvoorraad ligt is niet toegankelijk voor het publiek.
     4 Wie er toch in slaagt een gsm mee te pakken, moet door de poortjes die, als de gsm niet is gedeactiveerd, het zwaailicht en de sirene in werking zetten.

2.3 Met een identiteitsbewijs wordt de identiteit van de houder vastgesteld via het vergelijken van identificerende kenmerken, meestal de pasfoto. Met het recente bankafschrift ligt meteen het adres van de nieuwe abonnee vast en weet de provider dat de nieuwe abonnee een bankrekening heeft.

De provider kan nooit helemaal zeker zijn van het feit dat de nieuwe klant gaat betalen. Weliswaar ondertekent de abonnee een bindende overeenkomst waarmee de provider in geval van wanbetaling naar de rechter kan stappen, maar er bestaat nog altijd een verschil tussen gelijk hebben en gelijk krijgen.

2.4   Opzoeken via Google en Wikipedia. Via het IMEI-nummer kan de politie vaststellen of degene die beweert eigenaar van een gsm te zijn ook daadwerkelijk de eigenaar is, bij de aankoop wordt immers de identiteit van de eigenaar vastgelegd.

2.5   Het doel van AWF is het ontwikkelen, produceren en verkopen van aanhangwagens. Het doel van een hbo-instelling is het verzorgen van opleidingen op hbo-niveau voor studenten in voltijd en deeltijd.

2.6   In de casus wordt van inkomende logistiek het magazijn grondstoffen genoemd.
De productieafdelingen spreken voor zich.
Uitgaande logistiek is zichtbaar via de grote parkeerplaats en het wegbrengen of zelf ophalen van de aanhangwagens.
Marketing en verkoop zitten in het kantoor: de binnendienst en de buitendienst, terwijl hier ook de dealers de rol van klant vervullen; service is uitbesteed aan de dealers.
Over Inkoop is niet meer bekend dan dat die in het kantoor zit.
Ontwikkeling en Personeelszaken zijn al behandeld en van de organisatorische infrastructuur zijn de directie, de administratie, de ICT en de catering genoemd in de casus.

2.7   Hier zijn natuurlijk talloze voorbeelden van te noemen, interessante objecten zijn bijvoorbeeld een uitzendbureau of een bedrijf dat popconcerten organiseert.

2.8   Ten gevolge van de strategische beslissing om een nieuw product te lanceren, is er een tactisch probleem ontstaan: capaciteitstekort.
Dat tactische probleem kan tactisch worden opgelost met overwerken, maar dat helpt maar even. Een andere oplossing van tactische aard is het gaan werken met twee ploegen.
Ten slotte is de verhoging van de standaardlevertijd ook tactisch.
Permanente uitbreiding van de productiecapaciteit via het in vaste dienst nemen van personeel is een strategische beslissing.

2.9   Operationele beslissingen zijn onder meer:
1 Indelen medewerkers in categorie O en M.
2 Opstellen inwerkprogramma.
3 Aantrekken en aanstellen tijdelijke krachten.
4 Instrueren binnen- en buitendienst over langere levertijden.
Niet genoemd:
5 Informeren bewaking en catering over twee ploegen.
6 Vaststellen wie de extra ploegbazen zullen zijn.
7 In gang zetten voorbereiding permanente uitbreiding capaciteit.

2.10   Strategisch:
Een hbo-instelling besluit om samen te gaan werken met een commercieel opleidingsinstituut om zo snel mogelijk een veelbelovende markt te gaan bewerken.
Tactisch:
Allerlei taken, zoals marketing, productontwikkeling en ondersteuning, worden verdeeld tussen de twee partners.
Operationeel:
Er is een nieuw ontwikkelde cursus klaar en die gaat proefdraaien voor een kleine doelgroep. Er wordt een ervaren en ambitieuze docent gezocht, gevonden en ingeroosterd om die lastige klus te klaren.

2.11   We starten het proces bij de klant, in dit geval Jan en eindigen ook bij Jan.

Koper	geeft mondelinge opsomming van de bestelling.
Verkoper	kopieert mondelinge opsomming op blocnote.
Verkoper	kopieert bestelling van blocnote naar kassa.
Verkoper	kopieert (en verifieert) bestelling naar koper via opsomming en noemt prijs.
Koper	stemt impliciet in en betaalt bedrag (als het volgens koper niet klopt moet hij het namelijk DAN zeggen).
Verkoper	maakt productieorder door grondstoffen te verzamelen en order te kopiëren naar planbord.
Producent	plant order in en produceert.
Producent	rondt order af en ook het verkoopproces door nogmaals de order te noemen.
Koper	neemt op basis van dit signaal de order in ontvangst.

2.12   Het cruciale verschil is dat bij inspectie vooraf voorkomen kan worden dat al dan niet bewuste fouten in het proces terechtkomen. Bij achteraf inspecteren is 'het onheil al geschied', je loopt achter de feiten aan.

Hoofdstuk 3

3.1   1 Omdat het hotel een bedrijf is, zal primair een bepaalde winst gehaald moeten worden.
2 Een hiervan afgeleide doelstelling zal zijn: kamerbezetting per nacht.

3.2   Bijvoorbeeld: is een kamer (de bruidssuite) wel of niet al gereserveerd.

3.3   Het onderbrengen van het bruidspaar in het andere hotel waarbij de kosten voor rekening van Ronnie's hotel komen.

3.4   Per maand: winst- en verliesrekening.

Per kwartaal: balans.

3.5   Dubbele bezetting/te lage prijzen en daardoor verlies/verkeerde inzet personeel.

Hoofdstuk 4

4.1   De kostprijs bij een handelsbedrijf zal veel meer afhangen van de inkoopprijs. Wel zullen uit de begroting opslagen berekend moeten worden die op de inkoopprijs komen voor magazijn, transport, administratie enzovoort.

4.2 De receptioniste die de kamers verhuurt, vervult een beschikkende functie. In feite doet zij de verkoop.

4.3 Nee, die opdracht komt van een beschikkende functie en zal in dit geval verkoop zijn.

4.4 Door de schoonmaakploeg te laten controleren en doorgeven welke kamers wel en niet bezet waren de afgelopen nacht.

4.5 1 Kwaliteitscontrole bij goederenontvangst bij bijvoorbeeld inkoop natuurproducten (koffie/thee).
2 Controleafdeling in een supermarktketen die controles bij de filialen uitvoert (bijvoorbeeld voorraden telt, kasgeld telt, filiaaladministratie controleert).
3 Interne accountantsdienst bij grote bedrijven.

4.6 Bol.com, internetbanken, vliegwinkel.nl, maar ook bedrijven die niet per se via internet handelen, maar die wel sterk afhankelijk zijn van automatisering, zoals: banken, luchtvaartmaatschappijen en grote handelsbedrijven.

4.7 Het systeem dwingt bijvoorbeeld om de zes weken een nieuw wachtwoord te nemen dat ook nog eens 'moeilijk' is: minimaal acht tekens waaronder twee cijfers en een leesteken bijvoorbeeld.

4.8 Bij de verkoop klopt dit verband niet een op een: voorraadregistratie is tegen inkoopprijs (zie verband inkopen) en debiteurenregistratie is tegen verkoopprijs. Hier zit de zogenoemde 'waardesprong' tussen.

4.9 De eindvoorraad zou dan vijf lager ofwel vijftien zijn geweest en daarmee de theoretische omzet vijf hoger ofwel stuks. De soll-positie zou dan €16.250 zijn.

Hoofdstuk 5

5.1 Inkoop is bij Instal bv om twee redenen belangrijk:
1 Goede producten in het assortiment betekent verkoopkansen.
2 Te weinig inkopen leidt tot nee-verkopen; te veel inkopen tot overtollige voorraden.

5.2 Modezaken, meubelzaken; in zijn algemeenheid ondernemingen waar sprake is van modegevoelige artikelen en trends.

5.3 Bij een luchtvaartmaatschappij zal dagelijks brandstof ingekocht moeten worden; want zonder brandstof vliegen de vliegtuigen niet. De investeringsbeslissingen tot uitbreiding of vervanging van de vloot worden echter niet dagelijks genomen.

5.4 Waarschijnlijk maar uit twee bedrijven omdat die (op dit moment) de internationale vliegtuigmarkt voor grote verkeersvliegtuigen beheersen: Boeing en Airbus. Misschien dat daar in de toekomst een Chinese leverancier bijkomt.

5.5 Als de inkoopafdeling een uniek product op het spoor gekomen is dat bij één leverancier verkregen kan worden.

5.6   Per contract de looptijd, de totaal afgesproken hoeveelheid en ook de tot nu toe afgenomen hoeveelheid.

5.7   Omdat de bestelling op korte termijn tot een feitelijke uitstroom van geldmiddelen zal leiden en om de prijs op de inkoopfactuur te kunnen controleren.

5.8   Vanwege de in hoofdstuk 3 beschreven functiescheiding.

5.9   Er is geen goede controle op de voorraad mogelijk. Alleen forse verschillen zullen opvallen en dan is het niet duidelijk wie daar verantwoordelijk voor is.

5.10   Als op de factuur specifieke productkenmerken vermeld moeten worden (bijvoorbeeld serienummer) of als bijvoorbeeld producten net allemaal ver- schillend zijn (bijvoorbeeld ander gewicht) en de factuur op basis van het feitelijk verzonden product (in dit geval gewicht) gemaakt moet worden.

5.11   De stappen orderontvangst en orderacceptatie zullen niet voorkomen. De stappen levering en facturering zullen anders verlopen: de klant pakt zelf zijn spullen en rekent contant af. Dat betekent ook dat incasso niet aan de orde is. Daarnaast zal wel aandacht besteed moeten worden aan het contante geld- verkeer, inclusief het opmaken en tellen van de kassa's en het afstorten van het geld bij de bank

Hoofdstuk 6

6.1   Staf: administratie & controlling, facilitair, marketing.
Lijn: inkoop, magazijn, verkoop.

6.2   Innovatief: Apple (nieuwe producten), BNN (gericht op jongeren). Behoudend: Belastingdienst (moet regels naleven en controleren), accoun- tantskantoor (cijfers moeten kloppen).

6.3   De financiële vertaling van het functie- en beloningsgebouw vind je terug in de begroting.

6.4   Inkoopproces: er wordt een dienst ingekocht. Elementen als leveranciersse- lectie (welk uitzendbureau?), en prijsafspraken, zoals die in het inkooppro- ces aan de orde zijn, spelen hier ook.

6.5   Mensen krijgen een te hoog salaris of er wordt salaris betaald aan mensen die niet in dienst zijn.

6.6   Doordat de salarisadministratie de persoon niet of te laat verwijdert uit het bestand.

6.7   Overwerk, onregelmatigheidstoeslag, provisie, stukloon.

6.8   Dit zijn met name de inkoopfacturen, goederenontvangst (inkoopproces) en verkoopfacturen, goederenverzending (verkoopproces).

6.9   Hoewel het feitelijk neerkomt op registreren, is de debiteurenadministratie een bewarende functie. Zij bewaart de vorderingen (net als de magazijn- meester de voorraden) en zorgt er uiteindelijk voor dat de vorderingen in geld omgezet kunnen worden (incasso).

6.10 Omdat het hier gaat om geld. Met het betalingsproces verlaat geld de organisatie. Dat is bij uitstek het terrein waarin fraudeurs geïnteresseerd zijn.

6.11 De directeur ziet nu geen individuele overschrijvingsformulieren meer. Hij tekent een formulier (al dan niet met een elektronische handtekening) zonder dat hij weet wat echt in het betaalbestand staat.

6.12 Het risicovol beleggen waardoor het bedrijf risico's loopt die niet (van tevoren) bekend zijn.

6.13 Als een bedrijf een specialistisch programma nodig heeft, dat uniek is, zal hij het zelf ontwikkelen (bijvoorbeeld technische toepassing). Als een bedrijf software nodig heeft die niet specifiek is, zal hij het aanschaffen (bijvoorbeeld boekhoudpakket).

6.14 De afdeling Personeelszaken voert het salaris in op basis van het arbeidscontract. Dit leidt tot een melding bij de afdeling Salarisadministratie die deze invoer controleert. De salarisadministratie kan de stamgegevens uitsluitend raadplegen.

Hoofdstuk 7

7.1 Omdat het verkoopproces wezenlijk anders is. Bij handel op rekening wordt er een factuur gemaakt en verstuurd, deze betaalt de klant later. Bij handel contant betaalt de klant direct, meestal aan de kassa. Er is dan een kassabon in plaats van een factuur.

7.2 Vanwege winkeldiefstal.

7.3 Bij een handelsbedrijf is in principe sprake van één magazijn. Bij een productiebedrijf zijn er minimaal twee: magazijn grondstoffen (staal en banden in een autofabriek) en magazijn gereed product (in een autofabriek een grote parkeerplaats).

7.4 Goedkopere grondstoffen, lagere lonen, mensen meer uren laten maken (waardoor kostprijs per uur daalt), efficiënter werken.

7.5 Omdat de nacalculatie ook tot de conclusie zou kunnen leiden dat de voorcalculatie niet goed was. Dan controleert het bedrijfsbureau zichzelf. Dit risico is uiteraard kleiner naarmate de voorcalculatie 'harder' is.

7.6 Omdat dan pas precies bekend is hoe het product eruit moet komen te zien, op basis van de wensen van de klant.

7.7 Café-restaurant: dienstverlening met een zekere doorstroming van eigen goederen.
Hotel: beschikbaar stellen van ruimte met specifieke reservering.
Meubelfabriek: massaproductie.
Pretpark: beschikbaar stellen van ruimte zonder specifieke reservering.
Winkels op pretpark: handel met contante betaling.

Hoofdstuk 8

8.1 Het betreft vooral de beveiliging van de gegevens, zeker als deze vertrouwelijk (privacy) zijn.

8.2.   De overheid kan realtime, als de auto langs een camera rijdt, nagaan wie er met een onverzekerde auto rondrijdt en of de eigenaar van de auto nog een belastingschuld heeft openstaan door gebruik te maken van software met nummerbordherkenning. Op basis van het nummerbord kan bij de Rijksdienst voor het Wegverkeer worden vastgesteld op wiens naam het kenteken is geregistreerd. In datzelfde register staat ook geregistreerd of en bij welke maatschappij de auto verzekerd is. (De autoverzekeraars leveren deze informatie aan aan de RDW). Op basis van het BSN (BurgerServiceNummer) van de kentekenhouder is dan vervolgens in de registers van de Belastingdienst snel op te zoeken hoe het met eventuele schulden staat. Dit alles kan binnen enkele tellen plaatsvinden.

8.3   Andere stakeholders die gebruik kunnen maken van de combinatie van Social, Mobile en Cloud zijn o.a. de politie die via predictive profiling probeert om bepaalde elementen in onze maatschappij die op social media verdachte uitlatingen doen, op verdachte tijden op verdachte plaatsen samenkomen en of communiceren met andere verdachte elementen (traceerbaar via de Smartphone) en die over onverklaarbare vermogens beschikken (beschikbaar via de banken) aan een nader onderzoek te onderwerpen. Een ander voorbeeld zijn werkgevers die bij een kandidaat voor een bepaalde functie gaan kijken in wat voor groepen die zich beweegt en wat die allemaal posten.

8.4   Aan het Mobile toegang geven tot de bedrijfsgegevens door medewerkers kleven op zijn minst de volgende drie risico's:
De medewerker kan zijn hardware onbeveiligd of makkelijk kraakbaar onbeheerd achterlaten. En dat hoeft maar een simpele USB stick te zijn! Het is dan voor hackers een koud kunstje om complete dossiers in de openbaarheid te brengen (in het gunstigste geval) of om misbruik te maken van die gegevens.
De medewerker kan slordig omgaan met zijn wachtwoord, zodat misbruikers zelfs in kunnen loggen op het bedrijfsnetwerk en onbevoegd toegang hebben tot kritische informatie. Hetzelfde effect treedt op als de medewerker ergens op een gezellige camping even inlogt op een onbeveiligde WiFi hotspot, dat kan makkelijk worden afgeluisterd.

8.5   Zowel het feit dat VivaSignora zelf in veel landen winkels heeft, als het feit dat de belangrijkste concurrentie uit Brazilië en India komt is een teken van globalisering. Daarnaast de wijze waarop samengewerkt wordt met de Chinese leveranciers.

8.6   De samenwerking met de Chinese leveranciers is een voorbeeld van ketenintegratie.

8.7   Doordat meer geautomatiseerd 'gecommuniceerd' wordt, is het nodig dat de processen en de onderliggende informatiestromen zoveel als mogelijk op elkaar afgestemd worden.

8.8   Zo lang de omzet van een filiaal 'op schema ligt' (conform begroting) is er geen reden tot ingrijpen. Pas bij bijzondere, positieve of negatieve, afwijkingen moet actie genomen worden.

8.9 Voor alle bedrijven geldende wetten en regelingen:
- Arbeidsomstandighedenwet (kortweg Arbowet).
- Wettelijke verplichting voor onder meer nv's en bv's om hun jaarverslag bij de Kamer van Koophandel te deponeren en basisbedrijfsgegevens aan het CBS te melden.
- Wetten voor afdracht van allerlei belastingen (omzet- en vennootschapsbelasting, allerlei werkgeversbelastingen).

Voedsel producerende/verwerkende industrie:
- HACCP, de afkorting voor Hazard Analysis and Critical Control Points, is een risico-inventarisatie voor voedingsmiddelen. Bedrijven die zich bezighouden met bereiding, verwerking, behandeling, verpakking, vervoer en distributie van levensmiddelen dienen hierdoor alle aspecten van het voortbrengingsproces te identificeren en op gevaren te analyseren. Dit controleproces, uitgaande van de Europese Unie, wil ervoor zorgen dat het productieproces van alle voedingsmiddelen gepaard gaat met zo weinig mogelijk risico op besmetting. Hieruit voortvloeiend is bijvoorbeeld het voortdurend bewaken en registreren van koel- en vriescellen een verplichting geworden.
- Wetgeving voor productspecificaties op verpakkingen.

Chemische industrie:
- Specifieke wet- en regelgeving voor verwerken en opslaan van gevaarlijke stoffen (gassen, vloeibare, radioactieve enzovoort).
- Wetgeving voor lozing op oppervlaktewater.

Voorbeelden van andere branches:
1 Vervoersbranche:
  - Specifieke reglementen voor vervoer van gevaarlijke stoffen (technische eisen aan de vracht/tankwagen, maar ook opleidingseisen voor de chauffeurs).
  - Het rijtijdenbesluit is de gebruikelijke benaming voor de wetgeving, die de werkuren van onder meer chauffeurs van vrachtwagens en bussen regelt. De regeling heet in Nederland formeel het Arbeidstijdenbesluit Vervoer en is gebaseerd op de Arbeidstijdenwet van 23 november 1995, die regels geeft voor de arbeid- en rusttijden van werknemers. Hoofdstuk 2 van het Arbeidstijdenbesluit is specifiek geschreven voor het wegvervoer en geldt zowel voor het binnenlandse als voor het internationale vervoer. In België wordt dit de wetgeving op de rij- en rusttijden genoemd. Naleving wordt onder meer gecontroleerd door de ambtenaren van de federale overheidsdienst Mobiliteit en Vervoer (FOD MV), de politie en ambtenaren van de sociale inspectie.

2 Financiële branche:
  - Allerlei wetten en regelgevingen van De Nederlandsche Bank en de AFM voor banken, verzekeringsbedrijven en pensioenfondsen (voorbeeld is de Anti-Money Laundering wet = verplichting in Nederland dat elke financiële transactie boven €25.000 gemeld moet worden ter voorkoming van witwassen).
  - Wetgeving voor internationaal betalingsverkeer tussen financiële instellingen.

Register